人力资源社会保障业务知识随身读

工伤保险经办

中国国家人事人才培训网　组织编写

李红卫　向春华　编著

中国劳动社会保障出版社

图书在版编目（CIP）数据

工伤保险经办 / 李红卫，向春华编著. —北京：中国劳动社会保障出版社，2017

ISBN 978-7-5167-2874-1

Ⅰ.①工… Ⅱ.①李…②向… Ⅲ.①工伤保险 - 条例 - 基本知识 - 中国 Ⅳ.① D922.554

中国版本图书馆 CIP 数据核字（2017）第 079581 号

中国劳动社会保障出版社出版发行

（北京市惠新东街 1 号 邮政编码：100029）

*

三河市潮河印业有限公司印刷装订 　　新华书店经销
889 毫米 ×1194 毫米 48 开本 3.125 印张 90 千字
2018 年 1 月第 1 版 　　2018 年 1 月第 1 次印刷

定价：12.00 元

读者服务部电话：（010）64929211/64921644/84626437
营销部电话：（010）64961894
出版社网址：http://www.class.com.cn

版权专有　　侵权必究

如有印装差错，请与本社联系调换：（010）50948191

我社将与版权执法机关配合，大力打击盗印、销售和使用盗版图书活动，敬请广大读者协助举报，经查实将给予举报者奖励。

举报电话：（010）64954652

前言

工伤保险是现代社会保障体系的重要组成部分,是各项社会保险中开展最早,在世界范围内实施国家和地区最多的险种。自德国1884年建立工伤保险以来,已有164个国家和地区先后建立了工伤保险制度。这一制度的建立,在保障职工权益、分散工伤风险、促进企业发展、维护社会稳定等方面发挥了重要作用。一个国家工伤保险制度的水平,在一定意义上是反映社会进步和整体文明程度的重要标志。

1951年,我国制定颁布了《中华人民共和国劳动保险条例》(简称《劳动保险条例》,并于1953年、1956年两次修订),全面确立了面向中国城镇职工的劳动保险制度。《劳动保险条例》首次对工伤事故和职业病的认定、赔偿和抚恤做出了明确规定,可以看作是我国工伤保险立法工作的先声。

改革开放后,我国工伤保险制度进行了多年的改革探索,在此基础上,1996年劳动部根据《中华人民共和国劳动法》制定并颁布了《企业职工工伤保险试行办法》(劳部发〔1996〕266号),对沿用40多年的工伤社会福利制度进行了改革,以部门规章形式规范了企业工伤保险办法,可以看作是我国工伤保险专门法规的雏形。

2004年1月1日,国务院施行了《工伤保险条例》,对我国工伤保险的适用范围、工伤保险基金来源、工伤认定的标准、劳动能力鉴定、工伤保险待遇以及工伤争议的处理等方面作出了原则性规定,成为我国第一部工伤保险单项法规。

2010年10月28日,全国人大常委会审议通过了《中华人民共和国社会保险法》(简称《社会保险法》),对工伤保险制度作了一些新的规定。为了解决实践中遇到的工伤保险问题,做好与《社会保险法》中有关工伤保险内容的衔接,国务院对《工伤保险条例》进行了修订。2010年12月温家宝总理签署国务院第586号令公布了《国务院关于修改〈工伤保险条例〉的决定》,自2011年1月1日起施行。

目录

第一章 《工伤保险条例》释义 ·················· 1

第二章 工伤保险费率核定 ························ 39

第三章 工伤保险服务机构协议管理 ·········· 51

第四章 工伤保险待遇审核与支付 ·············· 79

附录：工伤保险案例评析 ·························· 95

第一章 《工伤保险条例》释疑

新修订的《工伤保险条例》(以下简称《条例》)有六大进步:扩大了工伤保险适用范围、调整扩大工伤认定的范围、简化工伤认定程序、大幅度提高工伤保险待遇、增加基金支出项目、加大强制力度。修改后的《条例》对我国的劳动者保护和经济社会发展有深远意义。

一、总则

(一)《工伤保险条例》的立法宗旨

1. 条例的立法宗旨

(1)切实维护工伤职工的救治权与经济补偿权。工伤职工在遭受事故伤害或者患职业病后,首先要获得及时、有效的救治,使伤害或者病情尽快得到有效控制。在救治期间所发生的交通、住院、检查诊断、治疗等费用,要得到足额的保障。职工病情稳定后,要按照法定程序进行评残,确定伤残等级,给予相应的一次性或长期性的经济补偿。给工伤职工以救治和补偿,是工伤保险制度最初的也是最主要的宗旨。

(2)促进工伤预防与职业康复。经过100多年的发展,各国的工伤保险制度已逐步形成工伤预防、治疗康复、经济补赔三结合的模式,对工伤预防及工伤职工的职业、生活、心理等康复的关注程度不断提高。在制度设计上,通过行业差别费率,特别是实行单位的费率浮动,使单位缴费与工伤预防工作紧密相连,促使单位做好工伤事故的预防。同时在基金中列支工伤预防费,直接用于加强工伤预防或支持、鼓励、引导用人单位强化工伤预防;对工伤职工的救济也不只停留在医疗救治,而将相当多的精力放在职业康复上,使工伤职

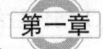

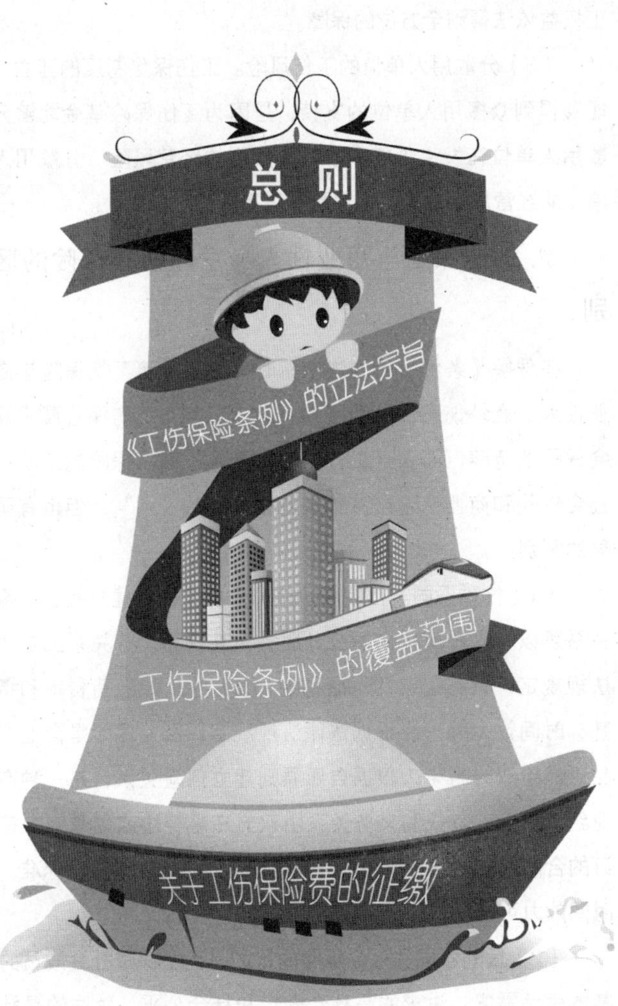
总 则
《工伤保险条例》的立法宗旨
工伤保险条例》的覆盖范围
关于工伤保险费的征缴

工权益依法得到全方位的保障。

（3）分散用人单位的工伤风险。工伤保险制度的建立，能够得到众多用人单位的支持，是因为工伤保险基金能够分散用人单位在发生工伤事故后所面临的经营风险。分散用人单位的经营风险也是工伤保险制度重要的功能之一。

2. 工伤保险与商业性人身意外伤害保险的区别

在理解《条例》的立法宗旨时，还需弄清工伤保险与商业性人身意外伤害保险的区别。总体而言，工伤保险属于社会保险的范畴，而人身意外伤害保险属于商业保险的范畴。社会保险和商业保险虽然都是遵循"大数法则"，但也有明显的区别：

（1）性质不同。社会保险是准公共产品，建立社会保险关系可以享受政府提供的公共服务，其权利义务关系由法律法规规定，具有法定性、福利性、强制性，如缴费费率和费基、时间效力等只能根据法律法规规定；商业保险是商业产品，保险双方当事人根据自愿原则建立保险关系，是一种商业经营行为，其权利义务关系由双方在平等协商的基础上签订的合同约定，具有契约性、营利性、自愿性，如缴费标准、时间效力可自行选择。

（2）目的不同。社会保险的目的是为了保障社会成员的基本生活需求，讲求的是社会安定和社会公平，关注的是社会需求，突出的是社会效益。因而，可以有效防止逆向选择。商业保险的目的是为了追求利润最大化，讲求的是"多进少出高盈利"，关注的是市场需求，突出的是经济效益。因而，有可能会发生逆向选择。

（3）权利义务对应关系不同。社会保险是以劳动者为主的享有者的法定权利，为了达到一定的激励性而使保障对象享受到的保障水平直接或间接地与工龄长短、工资水平等因素相联系，主要体现权利义务相关联、相统一。商业保险坚持等价交换原则，被保险人只能按所缴费用享受对等的权利，而且只在约定期限内有效，一旦契约终止，保险责任自行消失，主要体现权利义务严格对等。

（4）政府承担责任不同。为保证享有者实现社会保险权利，政府对社会保险不仅给予补贴或税收优惠，并承担主要责任。商业保险是一种市场行为，政府只对商业保险活动进行市场监管，维护公平竞争，保护保险双方的合法利益。

（5）保障水平层次不同。社会保险主要是保障享有者的基本生活需求，保障水平主要依据社会一般生活水平决定，重在体现保基本原则。商业保险遵循多样险种、多种选择的方针，实行"多买多保，少买少保，不买不保"，因此保障水平依投保人的购买能力和风险保障需求而定，重在体现多层次原则。

（6）保费来源和管理体制不同。社会保险的保费来源于单位、个人和国家，依法指定专门机构负责组织实施和经办管理，在我国实行行政事业管理体制。商业保险的保费来源完全由投保人承担，通常由具有法人资格的企业组织，自主经营、自负盈亏，实行的是企业经营管理体制。

总括来说，社会保险与商业保险是既有联系又有区别的保险行为，二者之间性质不同但存在较强的互补关系。商业保险在保险对象、项目范围、需求层次、资金来源上均可形成对社会保险的补充；在客户服务、精细化管理、保险技术应用等方面，双方又可深入交流探讨，互相促进融合。社会保险服务需求不断增强，覆盖城乡居民的社会保障体系建设任务不断加重，社会保险和商业保险的服务空间也随之不断扩大。二者如何实现优势互补、共享资源、协同服务、协调发展，需要创新思路、深化合作、协力探索。

（二）《工伤保险条例》的覆盖范围

《条例》规定，中华人民共和国境内的企业、事业单位、社会团体、民办非企业单位、基金会、律师事务所、会计师事务所等组织和有雇工的个体工商户应当依照本条例规定参加工伤保险，为本单位全部职工或者雇工缴纳工伤保险费。中华人民共和国境内的企业、事业单位、社会团体、民办非企业单位、基金会、律师事务所、会计师事务所等组织的职工和个体工商户的雇工，均有依照本条例的规定享受工伤保险待遇的权利。

目前，只有公务员和参照《公务员法》管理的事业单位、社会团体的工作人员还没有纳入工伤保险覆盖范围之内。《条例》规定,公务员和参照《公务员法》管理的事业单位、社会团体的工作人员因工作遭受事故伤害或者患职业病的,由所在单位支付费用。具体办法由国务院社会保险行政部门会同国务院财政部门规定。

1. 关于"企业"

《条例》中的企业,包括在中国境内的所有形式的企业。按照所有制划分,有国有企业、集体企业、私营企业、外资企业;按照所在地域划分,有城镇企业、乡镇企业、境外企业;按照企业的组织结构分,有公司、合伙、个人独资企业等。

在工伤保险制度中,有关企业的适用范围有两点需要说明:一是工伤保险在国家之间不能互免。目前通过多边或者双边协定,一些国家可以对养老保险、失业保险等险种进行互免,但工伤保险却不能互免,而是需要参加营业地所在国的工伤保险。这就意味着来中国投资的外国企业,需要参加中国的工伤保险,而到国外承包工程或者投资设厂的中国企业则需要参加当地的工伤保险,不能参加当地工伤保险的,其国内工伤保险关系不中止。二是在用人单位实行承包经营时,工伤保险责任应当由职工劳动关系所在单位承担。

2. 关于"事业单位"

事业单位是指依照《事业单位登记管理暂行条例》的有关规定在机关编制管理机构登记为事业单位。但是,事业单位中具有公共事务管理职能的组织,如中国证券监督管理委员会、中国保险监督管理委员会、中国银行业监督管理委员会等,由于这些单位都有行政执法的职能,工作人员参照《公务员法》管理,因此,这类事业单位在工伤保险方面仍参照《公务员法》的规定,由人力资源和社会保障部会同国务院财政部门制定具体办法;其他事业单位,主要包括科研、教育、文化、卫生、广播电视等领域的单位,这些单位的工作人员应当纳入工伤保险覆盖范围。

3. 关于"民办非企业单位"

民办非企业单位是一个较新的法律主体概念。根据国务院1998年10月公布施行的《民办非企业单位登记管理暂行条例》的规定,民办非企业单位是指企业事业单位、社会团体和其他社会力量以及公民个人利用非国有资产举办的,从事非营利性社会服务活动的社会组织。民办非企业单位主要分布在教育、科研、文化、卫生、体育、新闻出版、交通、信息咨询、知识产权、法律服务、社会福利事业、经济监督等领域,如民办幼儿园和民办学校、民办医院、民办福利院和养老院、民办法律援助中心、民办婚介所、民办博物馆和民办艺术馆等。这些单位在性质和工伤风险等方面与不依照或者参照《公务员法》进行人事管理的事业单位比较接近。为体现市场主体待遇平等的理念,《条例》明确规定,将民办非企业单位的工作人员同样纳入工伤保险的覆盖范围。

4. 关于"社会团体"

社会团体指的是 1998 年 10 月 25 日国务院颁布的《社会团体登记管理条例》中的"社会团体",即由中国公民自愿组成的,为实现会员共同意愿,按照其章程开展活动的非营利性社会组织。社会团体的名称类别主要有协会、学会、联合会、研究会、基金会、联谊会、促进会、商会等。根据《条例》的规定,参照公务员管理的社会团体实行与国家机关一样的工伤保险制度,这部分依照或者参照公务员制度进行管理的社会团体包括两类:一是参加中国人民政治协商会议的八个人民团体;二是由国务院机构编制管理机关核定并经国务院批准的团体。而不参照《公务员法》管理的社会团体的工作人员,则直接适用《条例》。

5. 关于"律师事务所"

根据《中华人民共和国律师法》的规定,设立律师事务所应当具备四个基本条件:(1)有自己的名称、住所和章程;(2)有符合《律师法》规定的律师;(3)设立人应当是具有一定的执业经历,三年内未受过停止执业处罚的律师;(4)有符合国务院司法行政部门规定数额的资产。律师事务所主要分为合伙、个人以及国家出资设立的律师事务所三类,所有律师事务所的工作人员均有依照《条例》的规定享受工伤保险待遇的权利。

6. 关于"会计师事务所"

根据《中华人民共和国注册会计师法》的规定，会计师事务所是依法设立并承办注册会计师业务的机构。会计师事务所可以由注册会计师合伙设立，合伙设立的会计师事务所的债务，由合伙人按照出资比例或者协议的约定，各自承担责任。合伙人对会计师事务所的债务承担连带责任。按照《条例》规定，会计师事务所的所有工作人员纳入工伤保险覆盖范围。

7. 关于"基金会"

根据 2004 年国务院公布的《基金会管理条例》，基金会是指利用自然人、法人或者其他组织捐赠的财产，以从事公益事业为目的，按照《基金会管理条例》的规定成立的非营利性法人。基金会分为面向公众募捐的基金会和不得面向公众募捐的基金会，按照《条例》规定，二者的工作人员均纳入工伤保险覆盖范围。

8. 关于"个体工商户"

个体工商户是指有经营能力并依照《个体工商户条例》规定，在工商行政管理部门登记，从事工商业经营的公民。虽然个体工商户中的工伤风险程度不同，但从社会保险公平性出发，对这部分人群也需要予以保护。因此，有雇工的个体工商户应当参加工伤保险，由雇主为其雇员缴纳工伤保险费。

对没有雇工的个体工商户并未作强制性的要求,如个体户业主本人或者开"夫妻店"的,这些人员是否参保,各地可根据情况自行掌握。

(三)关于工伤保险费的征缴

《条例》第三条规定:工伤保险费的征缴按照《社会保险费征缴暂行条例》关于基本养老保险费、基本医疗保险费、失业保险费的征缴规定执行。

工伤保险费作为社会保险费用的一种,属于法律强制征收的范围。征收时要以《社会保险费征缴暂行条例》为法律依据,进行工伤保险费的征收工作。《社会保险费征缴暂行条例》是关于社会保险费征缴工作的法律规范,主要确立了社会保险登记和社会保险费申报、缴纳制度,对社会保险费实行集中、统一征收的制度,对社会保险基金的监督管理、对违反规定不缴纳社会保险费的处罚制度。

需要指出的是,根据《社会保险费征缴暂行条例》的规定,对这几项社会保险费的征收机构,在各地是由省级人民政府确定的,可以由社会保险经办机构负责征收,也可以由税务机关负责征收,但无论由哪家征收,征收的程序都得执行《社会保险费征缴暂行条例》的规定。

需要说明的是,作为《条例》的上位法,《社会保险法》完善了社会保险费征缴制度,对社会保险费征收机关和具体办法作了规定：

一是县级以上人民政府加强社会保险费的征收工作。社会保险费的征收不仅关系到社会保险制度的有效运行，也关系到政府是否能够很好地保障人民群众的基本生活，县级以上人民政府应当采取各种措施来保证社会保险费的征收。因此，《社会保险法》明确规定，县级以上人民政府加强社会保险费的征收工作。这样规定，意在加强政府的相关责任，保障社会保险费的按时足额征收，从而为确保社会保险待遇发放提供强有力的资金支持。

二是社会保险费实行统一征收，实施步骤和具体办法由国务院具体规定。各项社会保险费应当统一征收，而不是分险种单独征收。为了保证社会保险费征收工作平稳有序开展，避免发生不必要的工作动荡，即便将来确定了由某个机构负责统一征收社会保险费，也必须有过渡的时间和较为妥当的实施步骤。因此，《社会保险法》规定，社会保险费实行统一征收，实施步骤和具体办法由国务院规定。

二、工伤认定

工伤认定是工伤保险工作的重要环节，是工伤职工享受工伤保险相关待遇的前提之一。工伤认定工作涉及面广，政策性强，社会关注度高，需要各级人力资源社会保障部门、社会保险经办机构加强学习和研究。

（一）认定为工伤的七种情形释义

1. 关于在工作时间和工作场所内，因工作原因受到事故伤害的

在工作时间和工作场所内，因工作原因受到事故伤害，是最为普遍的工伤情形。这里的"工作时间"，是指法律规定的或者单位要求职工工作的时间。按照有关法律法规规定，劳动者每日工作时间不超过 8 小时，平均每周工作时间不超过 40 小时，同时也对加班加点作了限定。据此，单位规定上下班的具体时间，例如，周一至周五的每天上午 8 点到下午 5 点为工作时间（中午 12 点至下午 1 点为中餐休息时间），那么这段期间就属于职工的工作时间。当然，单位规定的加班加点也应视为工作时间。这里的"工作场所"，是指职工日常工作所在的场所，以及领导临时指派其从事工作的场所。例如，某职工的日常工作场所是在本单位的某车间，一日，领导指派其去帮助单位进货人员进货，那么进货工作所在地，就是该职工当日的工作场所。这里的"事故伤害"，是指职工在工作过程中发生的人身伤害或者急性中毒等事故。例如，煤矿工人在瓦斯爆炸中所受到的伤害，应属于事故伤害。

2. 关于工作时间前后在工作场所内,从事与工作有关的预备性或者收尾性工作受到事故伤害的

职工为完成工作,在工作时间前后,有时需要做一些与工作有关的预备性或者收尾性工作。这段时间虽然不是职工的工作时间,但是,在这段时间内从事的预备性或者收尾性工作,是与工作有直接关系的,因此,《条例》规定这种情形也应认定为工伤。所谓"预备性工作",是指在工作前的一段合理时间内,从事与工作有关的准备工作,诸如运输、备料、准备工具等。例如,某职工在开始工作前来到单位,按照惯例对其工作时使用的机器进行调试。甲职工调试机器的行为,就属于预备性工作。如果某职工在调试机器过程中不慎将手指搅断,其所受到的伤害,应认定为工伤。所谓"收尾性工作",是指在工作后的一段合理时间内,从事与工作有关的收尾工作,诸如清理、安全贮存、收拾工具和衣物等。例如,工作结束后,某职工将工作时使用的工具收进仓库,在收拾工具的过程中不慎被工具砸伤。该职工收拾工具的行为属于收尾性工作,该职工在收拾工具过程中受到伤害,应认定为工伤。

3. 关于在工作时间和工作场所内,因履行工作职责受到暴力等意外伤害的

"因履行工作职责受到暴力等意外伤害的"有两层含义:一层是指职工因履行工作职责,使某些人不合理或违法的目

的没有达到，这些人出于报复而对该职工进行的暴力人身伤害。例如，某大型商场内，两窃贼正在偷窃一顾客的钱包，商场的保安人员看到这种情形，立即加以制止，窃贼恼羞成怒，拔出刀子猛刺保安，保安因此受到严重伤害。该保安受到的伤害，就属于因履行工作职责而受到的暴力伤害。另一层是指在工作时间和工作场所内，职工因履行工作职责受到的意外伤害，诸如地震、厂区失火、车间房屋倒塌以及由于单位其他设施不安全而造成的伤害等。

4. 关于患职业病的

根据《职业病防治法》的规定，职业病是指企业、事业单位和个体经济组织的劳动者在职业活动中，因接触粉尘、放射性物质和其他有毒、有害因素而引起的疾病。劳动者可以选择用人单位所在地或本人居住地的职业病诊断机构进行诊断，居住地是指劳动者的经常居住地。当事人对职业病诊断有异议的，在接到职业病诊断证明书之日起 30 日内，可以向做出诊断的医疗卫生机构所在地设区的市级卫生行政部门申请鉴定。设区的市级卫生行政部门组织的职业病诊断鉴定委员会负责职业病诊断争议的首次鉴定。当事人对设区的市级职业病诊断鉴定委员会的鉴定结论不服的，在接到职业病诊断鉴定书之日起 15 日内，可以向原鉴定机构所在地省级卫生行政部门申请再鉴定。省级职业病诊断鉴定委员会的鉴定为最终鉴定。

5. 关于因工外出期间，由于工作原因受到伤害或者发生事故下落不明

实际工作中，职工除了在本单位内工作外，由于工作需要，有时还必须到本单位以外去工作，这时如果职工由于工作原因受到事故伤害，按照工伤保险的基本精神，也应该认定为工伤。同时，考虑到职工因工外出期间，如果遇到事故下落不明的，很难确定职工是在事故中死亡了，还是由于事故暂时无法与单位取得联系。本着尽量维护职工合法权益的基本精神，《条例》规定，只要是在因工外出期间，发生事故造成职工下落不明的，就应该认定为工伤。这里的"因工外出"，是指职工不在本单位的工作范围内，由于工作需要被指派到本单位以外工作，或者为了更好地完成工作，自己到本单位以外从事与本职工作有关的工作。这里的"外出"包括两层含义：一是指到本单位以外，但是还在本地范围内；二是指不仅离开了本单位，并且到外地去了。"由于工作原因受到伤害"，是指由于工作原因直接或间接造成的伤害，包括事故伤害、暴力伤害和其他形式的伤害。这里的"事故"，包括安全事故、意外事故以及自然灾害等各种形式的事故。

6. 关于在上下班途中，受到非本人主要责任的交通事故或者城市轨道交通、客运轮渡、火车事故伤害的

修改前的《条例》第十四条规定,在上下班途中,受到机动车事故伤害的,应被认定为工伤,而修改后的《条例》第十四条规定规定在上下班途中,受到非本人主要责任的交通事故或者城市轨道交通、客运轮渡、火车事故伤害的,应被认定为工伤,增加了在上下班途中遭受事故伤害应被认定为工伤的范围(例如交通事故范围不再限于机动车事故,非机动车事故也可纳入),但也附加了限制性条件,即非本人主要责任。根据修改前的《条例》,即使是劳动者负主要责任,只要不构成犯罪和不违反《治安管理处罚法》的,也可以认定为工伤,而修改后的《条例》规定这些情况不予认定工伤。所以可以这样理解,在上下班途中发生的事故被认定为工伤的范围扩大了,但认定标准更加严格了。

7. 关于法律、行政法规规定应当认定为工伤的其他情形

这是对应当认定为工伤的情形的一项兜底性规定。《条例》第十四条对应当认定为工伤的情形逐一进行了列举,但是现实生活是复杂多样的,随着社会的发展,可能会出现新的应该认定为工伤的情形。对于未来要出现的情形,我们不可能在这个条例中穷尽。为了使工伤范围的规定更科学、更合理,使那些随着时间的发展应该纳入工伤的情形能够纳入,《条例》规定了"法律、行政法规规定应当认定为工伤的其他情形"。这主要是指《条例》出台后,由全国人大及其常委会制定并

颁布实施的法律,以及国务院制定并颁布实施的行政法规,可以规定应该认定为工伤的其他情形。需指出的是,为了保证工伤保险制度的统一性、严肃性,避免地方随意扩大工伤范围,造成基金的不合理支出,《条例》没有将规定工伤范围的权力赋予地方性法规,而是限于法律和行政法规。

(二)视同工伤的三种情形释义

1. 关于在工作时间和工作岗位,突发疾病死亡或者在48小时之内经抢救无效死亡的

这里所称的"工作时间",是指法律规定的或者单位要求职工工作的时间,包括加班加点时间。这里所称的"工作岗位",是指职工日常所在的工作岗位和本单位领导指派所从事工作的岗位。例如,清洁工人负责的清洁区域范围内都属于该工人的工作岗位。这里的"突发疾病",是指上班期间突然发生的任何种类的疾病,一般多为心脏病、脑出血、心肌梗塞等突发性疾病。

2. 关于在抢险救灾等维护国家利益、公共利益活动中受到伤害的

"维护国家利益",是指为了减少或者避免国家利益遭受损失,职工挺身而出。"维护公共利益",是指为了减少或者避免公共利益遭受损失,职工挺身而出。为了帮助广大

职工和社会保险行政部门从事工伤认定的人员更好地理解和掌握哪种情形属于维护国家利益和维护公共利益，《条例》列举了抢险救灾这种情形，但凡是与抢险救灾性质类似的行为，都应当认定为属于维护国家利益和维护公共利益的行为。需强调的是，在这种情形下，没有工作时间、工作地点、工作原因等要素要求。例如，某单位职工在过铁路道口时，看到在道口附近有个小孩正牵着一头牛过铁路，这时，前方恰好有一辆满载旅客的列车驶来，该职工赶紧过去将小孩推出铁道。孩子获救了，可该职工却因来不及跑开，被列车撞成重伤。该职工的这种行为，就属于维护国家利益和公共利益的行为。

3. 关于职工原在军队服役，因战、因公负伤致残，已取得革命伤残军人证，到用人单位后旧伤复发的

按照2011年国务院修改实施的《军人抚恤优待条例》，"因公致残"，是指在执行公务中致残，经医疗终结，符合评残条件的情形。"旧伤复发"，是指职工在军队服役期间，因战、因公负伤致残，并取得了革命伤残军人证，到用人单位后其在军队服役期间因战、因公负伤的伤害部位（伤口）发生变化，需要进行治疗或相关救治的情形。职工原在军队因战，因公负伤致残，到用人单位后旧伤复发，按照工伤的基本精神，不宜认定为工伤。但是，在这种情况下，职工是为了国家的

利益而受到伤害的,其后果不应由职工个人而应由国家来承担。为了保护这部分人的合法权益,《条例》将其规定为视同工伤的情形。

(三)不得认定为工伤的三种情形释义

《条例》第十六条规定:职工符合本条例第十四条、第十五条的规定,但是有下列情形之一的,不得认定为工伤或者视同工伤。

1. 故意犯罪的

我国《刑法》第十三条规定,一切危害国家主权、领土完整和安全,分裂国家、颠覆人民民主专政的政权和推翻社会主义制度,破坏社会秩序和经济秩序,侵犯国有财产或者劳动群众集体所有的财产,侵犯公民私人所有的财产,侵犯公民的人身权利、民主权利和其他权利,以及其他危害社会的行为,依照法律应当受刑罚处罚的,都是犯罪。犯罪具有以下三个特征:一是社会危害性。这是犯罪的最基本的、具有决定意义的特征。社会危害性必须达到一定程度才能构成犯罪,情节显著轻微危害不大的,不认为是犯罪。二是刑事违法性。具有社会危害性的行为并不都是犯罪,只有《刑法》规定的危害社会的行为才是犯罪。三是应受惩罚性。犯罪的应受惩罚性是由犯罪的前两个特征派生出来的法律后果。

2. 醉酒或者吸毒的

通过对行为人体内酒精含量的检测，如果发现行为人体内的酒精含量达到或超过一定标准，就应认定为醉酒。至于醉酒的具体标准，还有待于今后进一步明确。条例不将醉酒导致伤亡的情形定为工伤，主要是考虑，醉酒是一种个人行为，国家的一些法律规定禁止醉酒后工作，如禁止酒后驾车等。因此，由于醉酒导致行为失去控制，引发各种事故不能作为工伤处理。《条例》这样规定，也可以在一定程度上控制职工酒后工作，减少工伤事故的发生。

3. 自残或者自杀的

"自残"是指通过各种手段和方法伤害自己的身体，并造成伤害结果的行为。例如，某职工为了获取较高的工伤保险赔付，在工作过程中，趁其他工友不注意，故意用刀将自己手指切断，该职工的这种行为，就属于自残。"自杀"是指通过各种手段和方法结束自己生命的行为。例如，某职工因个人私事想不开，从工作场所内的20多米高的作业台上纵身跳下，当场死亡。该职工的这种行为就属于自杀。条例不将自残或者自杀的情形认定为工伤，主要是考虑自残或者自杀与工作没有必然联系。在这种情形中，职工本人对自己的死伤存在着主观故意。将其认定为工伤，有悖工伤保险的立法目的。

（四）工伤认定的程序

1. 工伤认定的时限和认定机构

单位认定时限：职工发生事故伤害或者被诊断鉴定为职业病的，其所在单位应当自事故发生之日或被诊断鉴定为职业病之日起30日内，向统筹地社会保险行政部门提出工伤认定申请。遇有特殊情况，经管辖地人社行政部门同意，申请时限可适当延长。

职工认定时限：职工发生事故伤害或被诊断、鉴定为职业病，用人单位未按规定提出工伤认定申请的，工伤职工或其近亲属可在事故伤害发生之日或被诊断、鉴定为职业病之日起1年内，可以直接向用人单位所在地统筹地区社会保险行政部门提出工伤认定申请。

按照规定，工伤认定应当由统筹地区的社会保险行政部门作出。

2. 工伤认定申请需提交材料

提出工伤认定申请应当提交下列材料：

（1）工伤认定申请表；

（2）与用人单位存在劳动关系（包括事实劳动关系）的证明材料；

（3）医疗诊断证明或者职业病诊断证明书（或者职业病诊断鉴定书）。

工伤认定申请表应当包括事故发生的时间、地点、原因以及职工伤害程度等基本情况。工伤认定申请人提供材料不完整的,社会保险行政部门应当一次性书面告知工伤认定申请人需要补正的全部材料。申请人按照书面告知要求补正材料后,社会保险行政部门应当受理。

有下列情形之一的,还应分别提交相关的证明材料:

(1)上下班途中,受到机动车事故伤害的,提交公安交通管理部门的责任认定书;不属于公安交通管理部门处理的,提交相关部门的证明。

(2)因工外出期间,由于工作原因受到伤害,提交公安部门证明或其他证明;发生事故下落不明的,提交公安部门的证明;或者相关部门的证明;认定因工死亡的,提交人民法院宣告死亡的结论。

(3)因履行工作职责受到暴力伤害的,提交公安机关或人民法院的判决书或其他有效证明。

(4)工作时间和工作场所内,因工作原因受到事故伤害或工作时间前后在工作场所内,从事与工作有关的预备性或者收尾性工作受到事故伤害的,提交事故的相关证据材料。

(5)在工作时间和工作场所内,因履行工作职责受到暴力等意外伤害的,提交公安部门的证明或人民法院的判决或者其他证明。

(6)在工作时间和工作岗位,突发疾病死亡或者在48小时之内经抢救无效死亡的,提交医疗机构的抢救和死亡证明。

（7）属于在抢险救灾等维护国家利益、公共利益活动中受到伤害的，提交民政部门或者其他相关部门的证明。

（8）属于因战、因公负伤致残的转业、复员军人，旧伤复发的，提交《革命伤残军人证》及医疗机构对旧伤复发的诊断证明。

3. 工伤事故的调查核实

社会保险行政部门受理工伤认定申请后，根据审核需要可以对事故伤害进行调查核实，用人单位、职工、工会组织、医疗机构以及有关部门应当予以协助。职业病诊断和诊断争议的鉴定，依照《职业病防治法》的有关规定执行。对依法取得职业病诊断证明书或者职业病诊断鉴定书的，社会保险行政部门不再进行调查核实。

职工或者其近亲属认为是工伤，用人单位不认为是工伤的，由用人单位承担举证责任。

4. 工伤认定的时限和回避

社会保险行政部门应当自受理工伤认定申请之日起60日内作出工伤认定的决定，并书面通知申请工伤认定的职工或者其近亲属和该职工所在单位。

社会保险行政部门对受理的事实清楚、权利义务明确的工伤认定申请，应当在15日内作出工伤认定的决定。

作出工伤认定决定需要以司法机关或者有关行政主管部

门的结论为依据的,在司法机关或者有关行政主管部门尚未作出结论期间,作出工伤认定决定的时限中止。

社会保险行政部门工作人员与工伤认定申请人有利害关系的,应当回避。

5. 工伤认定流程图

一般工伤认定流程见图1—1。

三、劳动能力鉴定

(一)职工进行劳动能力鉴定的条件

工伤职工进行劳动能力鉴定应符合以下条件:一是经过治疗后,伤情处于相对稳定状态,这样便于劳动能力鉴定机构的医疗专家对伤情进行鉴定;二是职工经治疗后,确认是因工伤原因造成职工身体的残疾;三是工伤职工的残疾对今后的工作和生活产生直接的影响,并且伤残程度影响到职工的劳动能力。在这种情况下,工伤职工应进行劳动能力鉴定。

(二)劳动能力鉴定等级

1. 劳动功能障碍分级

劳动功能障碍分为十个伤残等级,最重的为一级,最轻的为十级。

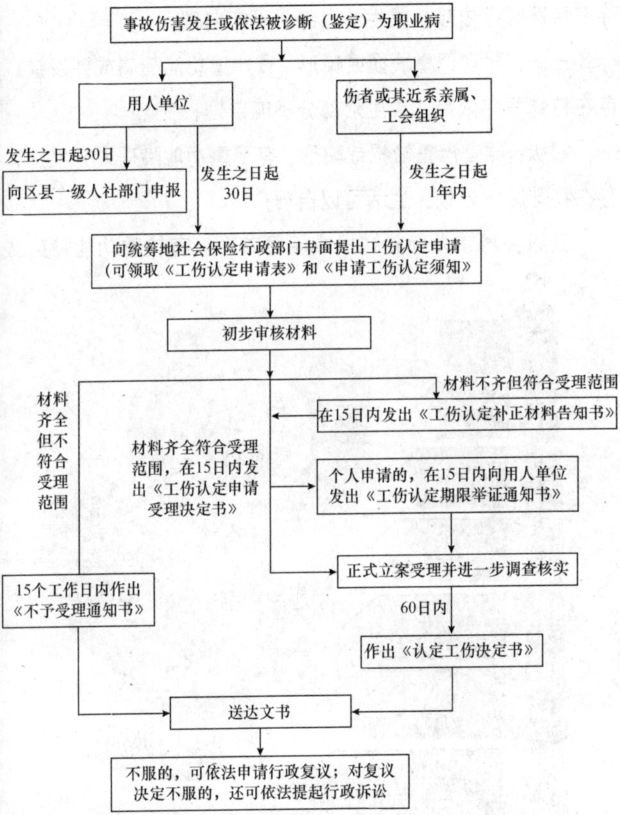

《工伤保险条例》释义 第一章

```
           事故伤害发生或依法被诊断（鉴定）为职业病
                    │
         ┌──────────┴──────────┐
         │                      │
       用人单位             伤者或其近系亲属、
                              工会组织
  发生之日起30日  发生之日起      发生之日起
  向区县一级人     30日            1年内
  社部门申报
         └──────────┬──────────┘
                    ↓
         向统筹地社会保险行政部门书面提出工伤认定申请
         （可领取《工伤认定申请表》和《申请工伤认定须知》）
                    ↓
              初步审核材料
                    │
  ┌─────────────────┼─────────────────────────────┐
  │                                               │
材料                              材料不齐但符合受理范围
齐全                              在15日内发出《工伤认定补正材料告知书》
但不          材料齐全符合受理
符合          范围，在15日内发          ↓
受理          出《工伤认定申请          个人申请的，在15日内向用人单位
范围          受理决定书》              发出《工伤认定期限举证通知书》
  │                                       ↓
15个工作日内作出                     正式立案受理并进一步调查核实
《不予受理通知书》                       ↓  60日内
                                    作出《认定工伤决定书》
  └────────────────→ 送达文书 ←─────────┘
                      ↓
              不服的，可依法申请行政复议；对复议
              决定不服的，还可依法提起行政诉讼
```

图 1—1 工伤认定流程示例

一级：器官缺失或功能完全丧失，其他器官不能代偿，存在特殊医疗依赖，生活完全或大部分不能自理；

二级：器官严重缺损或畸形，有严重功能障碍或并发症，存在特殊医疗依赖，或生活大部分不能自理；

三级：器官严重缺损或畸形，有严重功能障碍或并发症，存在特殊医疗依赖，或生活部分不能自理；

四级：器官严重缺损或畸形，有严重功能障碍或并发症，存在特殊医疗依赖，生活可以自理；

五级：器官大部分缺损或明显畸形，有较重功能障碍或

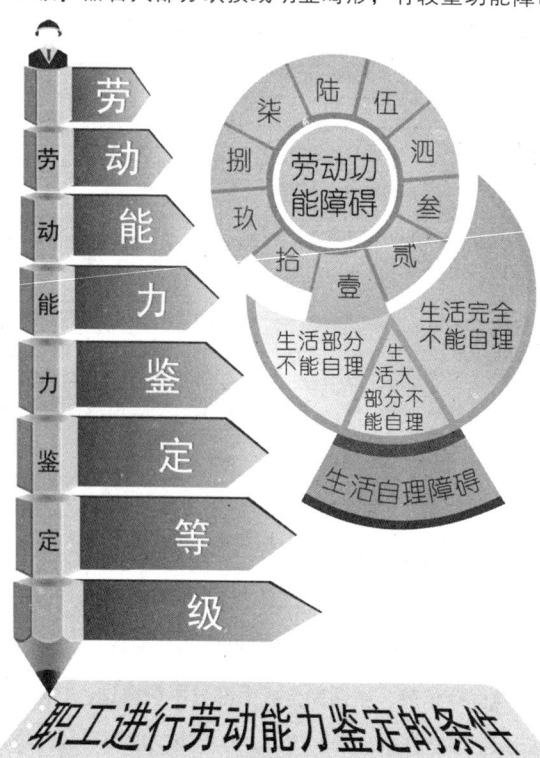

并发症，存在一般医疗依赖，生活能自理；

六级：器官大部分缺损或明显畸形，有中等功能障碍或并发症，存在一般医疗依赖，生活能自理；

七级：器官大部分缺损或畸形，有轻度功能障碍或并发症，存在一般医疗依赖，生活能自理；

八级：器官部分缺损，形态异常，轻度功能障碍，有医疗依赖，生活能自理；

九级：器官部分缺损，形态异常，轻度功能障碍，无医疗依赖，生活能自理；

十级：器官部分缺损，形态异常，无功能障碍，无医疗依赖，生活能自理。

2. 生活自理障碍分级

生活自理障碍分为三个等级：生活完全不能自理、生活大部分不能自理和生活部分不能自理。

劳动能力鉴定标准，我国目前使用的是 2014 年由国务院社会保险行政部门会同国务院卫生行政部门制定发布的《劳动能力鉴定职工工伤与职业病致残等级》（CB/T16180-2014）。

3. 劳动能力鉴定申请主体、受理机构、申请材料

劳动能力鉴定由用人单位、工伤职工或者其近亲属向设

区的市级劳动能力鉴定委员会提出申请，并提供工伤认定决定和职工工伤医疗的有关资料。

省、自治区、直辖市劳动能力鉴定委员会和设区的市级劳动能力鉴定委员会分别由省、自治区、直辖市和设区的市级社会保险行政部门、卫生行政部门、工会组织、经办机构代表以及用人单位代表组成。劳动能力鉴定委员会建立医疗卫生专家库。列入专家库的医疗卫生专业技术人员应当具备下列条件：

（1）具有医疗卫生高级专业技术职务任职资格；

（2）掌握劳动能力鉴定的相关知识；

（3）具有良好的职业品德。

4. 劳动能力鉴定委员会进行鉴定的步骤和时限

设区的市级劳动能力鉴定委员会收到劳动能力鉴定申请后，应当从其建立的医疗卫生专家库中随机抽取3名或者5名相关专家组成专家组，由专家组提出鉴定意见。设区的市级劳动能力鉴定委员会根据专家组的鉴定意见作出工伤职工劳动能力鉴定结论；必要时，可以委托具备资格的医疗机构协助进行有关的诊断。

设区的市级劳动能力鉴定委员会应当自收到劳动能力鉴定申请之日起60日内作出劳动能力鉴定结论，必要时，作出劳动能力鉴定结论的期限可以延长30日。劳动能力鉴定结论应当及时送达申请鉴定的单位和个人。

5. 再次鉴定和复查鉴定

申请鉴定的单位或者个人对设区的市级劳动能力鉴定委员会作出的鉴定结论不服的,可以在收到该鉴定结论之日起15日内向省、自治区、直辖市劳动能力鉴定委员会提出再次鉴定申请。省、自治区、直辖市劳动能力鉴定委员会作出的劳动能力鉴定结论为最终结论。

自劳动能力鉴定结论作出之日起1年后,工伤职工或者其近亲属、所在单位或者经办机构认为伤残情况发生变化的,可以申请劳动能力复查鉴定。

再次鉴定和复查鉴定应当自收到劳动能力鉴定申请之日起60日内作出劳动能力鉴定结论,必要时,作出劳动能力鉴定结论的期限可以延长30日。劳动能力鉴定结论应当及时送达申请鉴定的单位和个人。

6. 劳动能力鉴定流程图

劳动能力鉴定的流程见图1—2。

四、工伤保险待遇支付渠道

按照《条例》的规定,工伤保险待遇有两种支付渠道,一部分工伤保险待遇由工伤保险基金支付,另一部分工伤保险待遇由用人单位支付。工伤保险基金支付部分待遇的费用,

工伤保险经办

申 请
申请人（单位、工伤职工或其近亲属）向劳动能力鉴定办公室提出申请。工伤职工要提供工伤证明《工伤认定决定书》及完整病历材料；单位及劳动仲裁委托鉴定的要出具《劳动能力鉴定委托书》；因病退休丧失劳动能力鉴定由单位申报

审核受理
劳动能力鉴定办公室工作人员对申请人申报材料进行审核。工伤证明（委托）材料是否齐全；伤残部位是否准确；伤（病）情是否医疗终结；病程是否符合鉴定要求

组织鉴定
劳动室工作人员对受理的受胎率残（病）人员，按伤病情况进行分科，随机抽取3~5名医疗卫生专家，按科、按次序对伤病（病）人员进行丧失劳动能力程度鉴定

补充鉴定资料
鉴定人员必须携带齐全个人医疗资料，如：住院病历、CT片、X光片、各种光验单、病情介绍、病理报告、手术记录等。如果没有带全，当天能够补齐的参加当天鉴定，如果当天没有补齐，按要求补齐后参加下次鉴定

作业鉴定结论
劳动能力鉴定委员会自收到鉴定申请之日起60日内，根据医疗卫生专家组的鉴定意见作出劳动能力鉴定结论。鉴定涉及医疗卫生专业较多，情况复杂的，鉴定期限可以延长30日

告知申请人
劳动能力鉴定结论要通知申请人。申请人为用人单位或存档部门的，在领取劳动能力鉴定结论后的七日内通知到被鉴定者本人

申请再次鉴定
申请鉴定的单位或本人对市劳动能力鉴定机构做出的劳动能力鉴定结论不服的，在收到鉴定结论之日起15日内向省、自治区、直辖市劳动能力鉴定委员会书面申请再次鉴定，省、自治区、直辖市劳动能力鉴定委员会的鉴定结论为最终结论

复查鉴定
自劳动能力鉴定结论做出之日起1年后，工伤职工、所在单位或者经办机构认为伤残情况发生变化的，可以申请劳动能力复查鉴定

图1—2 劳动能力鉴定程序示例

《工伤保险条例》释义 第一章

既体现了共济原则,又减轻了用人单位的经济负担。同时,为了让用人单位增加安全生产和劳动保护的责任感,采用一定的经济负担政策给予提示,还起到了降低工伤保险的缴费费率的作用。但是,对于应当参加工伤保险而未参加的用人单位,工伤待遇的支付渠道就只有一个,那就是一律由用人单位支付。

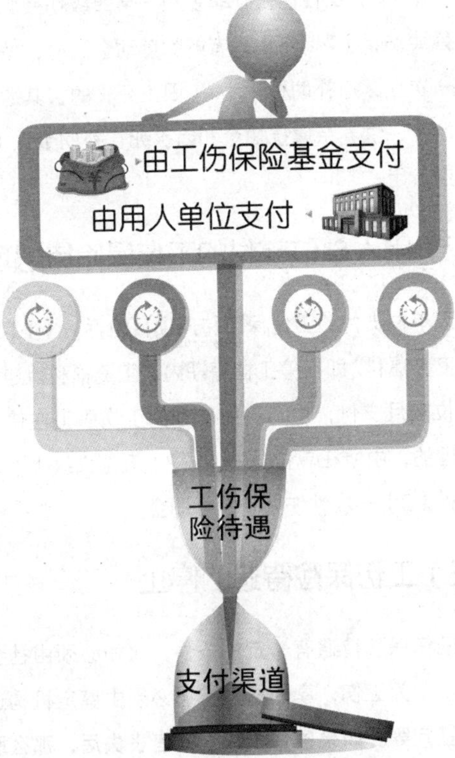

（一）工伤保险基金中支付的项目

由工伤保险基金支付的项目包括：（1）治疗工伤的医疗费用和康复费用；（2）住院伙食补助费；（3）到统筹地区以外就医的交通食宿费；（4）安装配置伤残辅助器具所需费用；（5）生活不能自理的，经劳动能力鉴定委员会确认的生活护理费；（6）一次性伤残补助金和一至四级伤残职工按月领取的伤残津贴；（7）终止或者解除劳动合同时，按规定应当享受的一次性医疗补助费；（8）因工死亡的，其遗属领取的丧葬补助金、供养亲属抚恤金和因工死亡补助金；（9）劳动能力鉴定费用。

（二）用人单位支付的工伤保险待遇项目

由用人单位支付的工伤保险待遇项目包括：（1）治疗工伤期间的工资福利，即在停工留薪期内原工资福利待遇不变，由所在单位按月支付，生活不能自理的工伤职工在停工留薪期需要护理的，由所在单位负责；（2）五至六级工伤职工的伤残津贴；（3）一次性伤残就业补助金。

（三）工伤保险待遇的停止

享受工伤保险待遇有一定的条件，比如必须由社会保险行政部门认定为工伤，享受伤残待遇必须由鉴定机构进行伤残等级的鉴定等。如果条件不成立或者丧失后，那么职工的工伤保险待遇就可能终止或者丧失。《条例》第四十二条和《社会保险法》第四十三条都规定了工伤保险待遇停止的情形，并且二者的规定是一致的。此外，2011年修订后的《条例》还将"被判刑正在收监执行"这一情形删除。

1. 丧失享受待遇条件的

工伤保险制度是以工伤职工为特定保护对象的，目的在于使工伤职工因遭受事故伤害或者患职业病时能够获得医疗救治和经济补助。在工伤保险待遇给付期间，如果工伤职工的情况发生了变化，不再具备享受工伤保险待遇的条件，如劳动能力得以完全恢复而无需工伤保险待遇来提供保障时，就应当停止工伤保险待遇。此外，工亡职工的亲属，在某些情形下，也可能丧失享受有关待遇的条件，如享受供养亲属抚恤金的工亡职工的子女达到了一定的年龄或就业后，丧失享受抚恤待遇的条件；亲属死亡的，丧失享受遗属抚恤待遇的条件等。

2. 拒不接受劳动能力鉴定的

劳动能力鉴定是确定工伤保险待遇的基础和前提条件。不同的伤残等级所享受的工伤保险待遇是不同的。伤残等级以及生活自理能力的确定必须通过劳动能力鉴定来确定。劳动能力鉴定结论是确定不同程度的补偿、合理调换工作岗位和恢复工作等的科学依据。如果工伤职工没有正当理由，拒不接受劳动能力鉴定，则会产生这样的结果：工伤保险待遇无法确定。这也意味着这些工伤职工并不愿意接受工伤保险制度提供的帮助。鉴于此,如果工伤职工拒不接受劳动能力鉴定,那么就不应享受工伤保险待遇。

3. 拒绝治疗的

提供医疗救治,帮助工伤职工恢复劳动能力,是工伤保险制度的重要目的之一,因而职工遭受工伤事故或患职业病后,有享受工伤医疗待遇的权利,也有积极配合医疗救治的义务。如果无正当理由拒绝治疗,就有悖于《条例》第一条"促进职业康复"的目的。规定拒绝治疗的工伤职工不得再继续享受工伤保险待遇,就是为了促使工伤职工积极接受治疗,尽可能地恢复劳动能力,以提高自己的生活质量,而不是消极依靠社会救助。但是,如果确有事实和证据证明这种治疗有害于工伤职工,而不是促进职业康复的,不应停止工伤职工的工伤保险待遇。

(四)用人单位的权利和义务

《条例》规定了用人单位的基本义务:

1. 参加工伤保险,为本单位全部职工缴纳工伤保险费。将参加工伤保险的有关情况在本单位内公示。

2. 遵守有关安全生产和职业病防治的法律法规,执行安全卫生规程和标准,预防工伤事故发生,避免和减少职业病的危害。

3.发生工伤时,采取措施使工伤职工得到及时救治。

4.履行工伤认定申请和劳动能力鉴定申请的义务。

5.支付按规定应由单位支付的有关费用和工伤职工待遇。

6.协助劳动保障行政部门对事故进行调查核实。

《条例》规定用人单位主要有以下权利:

1.在职工受到事故伤害或者患职业病时,由工伤保险基金支付规定的费用和待遇。

2.举报监督的权利。

3.对工伤认定受理或者工伤认定决定不服的,有依法提出行政复议申请或提起行政诉讼的权利。

(五)职工的权利和义务

《条例》规定了职工的基本权利:

1.按《条例》规定享受工伤保险待遇的权利。

2.提出工伤认定申请和劳动能力鉴定的权利。

3.举报监督的权利。

4.对工伤认定受理或者工伤认定决定不服的,有依法提出行政复议申请或提起行政诉讼的权利。

《条例》规定了职工承担的相应义务:

1.遵守有关安全生产和职业病防治的法律法规,执行安全卫生规程和标准,预防工伤事故发生,避免和减少事故和职业病的危害。

  2. 发生事故和职业病伤害,积极配合治疗和康复。

  3. 协助社会保险行政部门对事故进行调查核实。

第二章 工伤保险费率核定

DIERZHANGGONGSHANGBAOXIANFEILUHEDING

《条例》规定，工伤保险根据"以支定收、收支平衡"的原则，实行行业差别费率和行业内若干费率档次的费率制度，国务院社会保险行政部门应当定期了解全国各统筹地区工伤保险基金支出情况，及时提出调整费率的方案，报国务院批准后公布施行。原工伤保险费率政策是2003年制定的，是依据当时国民经济行业数量和分类，按照工伤风险程度的高低，将各行业划分为三类：一类为风险较小行业，二类为中等风险行业，三类为风险较大行业，并分别执行0.5%、1%、2%左右的行业差别基准费率。这一费率政策实施以来，基本保证了工伤保险基金的平稳运行，一定程度上促进了工伤预防，较好发挥了工伤保险的社会共济作用。但总体看，我国原工伤保险费率政策按3档风险类别划分比较粗且不够科学，难以全面如实地反映我国行业中的真实风险差别，需要进一步研究细化。从国际上看，各国工伤保险制度越成熟，基础数据越完备，行业风险类别的划分就越细致。

近几年来，相关部门已经就调整工伤保险费率政策广泛进行了调研、测算和论证，为从制度层面调整完善工伤保险费率政策奠定了较好的基础。人力资源和社会保障部、财政部出台文件，决定从2015年10月1日起，调整完善工伤保险费率政策，降低工伤保险费率。这是贯彻落实党的十八届三中全会精神和国务院政府工作报告部署，适应我国经济发展新常态，减轻用人单位负担的重要举措，有利于建立健全与行业工伤风险基本对应、风险档次适度的工伤保险费率标

工伤保险费率核定

工伤保险费率确定的原则

- 实行费率浮动机制
- 实行行业差别费率
- 以支定收 收支平衡 实行现收现付制

行业差别费率

- 制定行业差别费率的目的和意义
- 行业费率的确定
- 关于风险类别划分
- 关于行业差别费率及其档次确定

浮动费率

- 实行浮动费率的意义
- 浮动费率的确定

准，有利于落实工伤保险基金"以支定收、收支平衡"筹资原则，优化工伤保险基金管理，确保工伤保险基金可持续运行，更好地保障工伤职工的合法权益。

工伤保险费率机制是工伤保险制度的核心问题之一，对工伤保险基金的稳定性、工伤预防效能的发挥和企业参与的积极性等多方面产生直接影响。

一、工伤保险费率确定的原则

《条例》第八条、第九条的规定：工伤保险费根据以支定收、收支平衡的原则，确定费率。国家根据不同行业的工伤风险程度确定行业的差别费率，并根据工伤保险费使用、工伤发生率等情况在每个行业内确定若干费率档次。行业差别费率及行业内费率档次由国务院社会保险行政部门制定，报国务院批准后公布施行。统筹地区经办机构根据用人单位工伤保险费使用、工伤发生率等情况，适用所属行业内相应的费率档次确定单位缴费费率。国务院社会保险行政部门应当定期了解全国各统筹地区工伤保险基金收支情况，及时提出调整行业差别费率及行业内费率档次的方案，报国务院批准后公布施行。

根据《条例》第八条、第九条的规定，工伤保险费费率的确定应把握以下原则：

一是以支定收、收支平衡，实行现收现付制，也就是当期征缴的工伤保险费用于支付当期的各项工伤保险待遇及其他合法支出。工伤保险费费率的确定,应该保证各项工伤保险待遇及各项合法项目的支出,同时又不使基金有过多积累。

二是实行行业差别费率。为了使用人单位的缴费与所属行业风险挂钩,《条例》在总结我国实践经验和借鉴国际通行做法的基础上,确定了工伤保险费实行行业差别费率的制度,根据不同行业的工伤保险费使用、工伤发生率等情况,确定不同类别行业的费率,并且在同一行业内设定不同的费率档次。风险程度高的行业,费率相应高,反之则低。

三是实行费率浮动机制。行业的差别费率及费率档次确定后,根据每个用人单位上一轮工伤保险费的使用、工伤发生率等情况,由统筹地区经办工伤保险的社会保险经办机构确定其在所属行业的不同费率档次中适用哪一个档次的费率。用人单位在同行业的工伤保险工作做得好,其具体适用的费率档次就低,反之,就有可能调高其适用的费率档次。

二、行业差别费率

(一)制定行业差别费率的目的和意义

制定行业费率的目的是要在工伤保险基金的分担上,体现对不同工伤事故风险概率的行业实行差别性负担,以保证该行业工伤保险基金的收支平衡,并适当促进其改进劳动安全保护措施,加强职业安全,降低工伤赔付成本。

(二)行业费率的确定

如何合理、准确、科学地确定行业费率,关系工伤保险制度改革的成败和企业的切身利益,必须以科学的方式规范划分行业风险类别。为更好地贯彻《社会保险法》《条例》,使工伤保险费率政策更加科学、合理,适应经济社会发展的需要,经国务院批准,自 2015 年 10 月 1 日起,调整工伤保险费率政策。

1. 关于风险类别划分。

按照《国民经济行业分类》(GB/T 4754—2011)对行业的划分,根据不同行业的工伤风险程度,由低到高,依次将行业工伤风险类别划分为一类至八类(见表 2—1)。

表 2—1　　　工伤保险行业风险分类表

行业类别	行业名称
一	软件和信息技术服务业,货币金融服务,资本市场服务,保险业,其他金融业,科技推广和应用服务业,社会工作,广播、电视、电影和影视录音制作业,中国共产党机关,国家机构,人民政协、民主党派,社会保障,群众团体、社会团体和其他成员组织,基层群众自治组织,国际组织
二	批发业,零售业,仓储业,邮政业,住宿业,餐饮业,电信、广播电视和卫星传输服务,互联网和相关服务,房地产业,租赁业,商务服务业,研究和试验发展,专业技术服务业,居民服务业,其他服务业,教育,卫生,新闻和出版业,文化艺术业

续表

行业类别	行业名称
三	农副食品加工业,食品制造业,酒、饮料和精制茶制造业,烟草制品业,纺织业,木材加工和木、竹、藤、棕、草制品业,文教、工美、体育和娱乐用品制造业,计算机、通信和其他电子设备制造业,仪器仪表制造业,其他制造业,水的生产和供应业,机动车、电子产品和日用产品修理业,水利管理业,生态保护和环境治理业,公共设施管理业,娱乐业
四	农业,畜牧业,农、林、牧、渔服务业,纺织服装、服饰业,皮革、毛皮、羽毛及其制品和制鞋业,印刷和记录媒介复制业,医药制造业,化学纤维制造业,橡胶和塑料制品业,金属制品业,通用设备制造业,专用设备制造业,汽车制造业,铁路、船舶、航空航天和其他运输设备制造业,电气机械和器材制造业,废弃资源综合利用业,金属制品、机械和设备修理业,电力、热力生产和供应业,燃气生产和供应业,铁路运输业,航空运输业,管道运输业,体育
五	林业,开采辅助活动,家具制造业,造纸和纸制品业,建筑安装业,建筑装饰和其他建筑业,道路运输业,水上运输业,装卸搬运和运输代理业
六	渔业,化学原料和化学制品制造业,非金属矿物制品业,黑色金属冶炼和压延加工业,有色金属冶炼和压延加工业,房屋建筑业,土木工程建筑业
七	石油和天然气开采业,其他采矿业,石油加工、炼焦和核燃料加工业
八	煤炭开采和洗选业,黑色金属矿采选业,有色金属矿采选业,非金属矿采选业

2. 关于行业差别费率及其档次确定

不同工伤风险类别的行业执行不同的工伤保险行业基准费率。各行业工伤风险类别对应的全国工伤保险行业基准费率为，一类至八类分别控制在该行业用人单位职工工资总额的 0.2%、0.4%、0.7%、0.9%、1.1%、1.3%、1.6%、1.9% 左右。

通过费率浮动的办法确定每个行业内的费率档次。一类行业分为三个档次，即在基准费率的基础上，可向上浮动至 120%、150%，二类至八类行业分为五个档次，即在基准费率的基础上，可分别向上浮动至 120%、150% 或向下浮动至 80%、50%。

各统筹地区人力资源社会保障部门要会同财政部门，按照"以支定收、收支平衡"的原则，合理确定本地区工伤保险行业基准费率具体标准，并征求工会组织、用人单位代表的意见，报统筹地区人民政府批准后实施。基准费率的具体标准可根据统筹地区经济产业结构变动、工伤保险费使用等情况适时调整。

三、浮动费率

（一）实行浮动费率的意义

浮动费率实质是利用经济手段促进企业重视安全生产，

强化工伤预防工作,降低企业工伤、伤亡事故率。实行费率浮动机制有利于促进企业加强安全生产,有利于降低工伤事故频率,有利于调动企业参保的积极性。

(二)浮动费率的确定

统筹地区社会保险经办机构根据用人单位工伤保险费使用、工伤发生率、职业病危害程度等因素,确定其工伤保险费率,并可依据上述因素变化情况,每一至三年确定其在所属行业不同费率档次间是否浮动。对符合浮动条件的用人单位,每次可上下浮动一档或两档。统筹地区工伤保险最低费率不低于本地区一类风险行业基准费率。费率浮动的具体办法由统筹地区人力资源社会保障部门商财政部门制定,并征求工会组织、用人单位代表的意见。

四、用人单位缴费核定

工伤保险经办机构登记部门根据用人单位登记时确定的行业风险类别和国务院社会保险行政部门确定的行业差别费率标准,核定其工伤保险初次缴费的基准费率。现行标准为《关于调整工伤保险费率政策的通知》(人社部发[2015]71号)。

工伤保险经办机构征缴部门根据当地的《工伤保险费率浮动办法》及《工伤保险费率浮动规程》等,在核定基准费率的基础上,根据用人单位一定期限内工伤保险支缴率、工

用人单位缴费核定

1. 核定工伤保险初次缴费的基准费率
2. 计算浮动费率
3. 缴费人数核定
4. 缴费基数核定
5. 缴费核定

工伤保险费率确定流程图

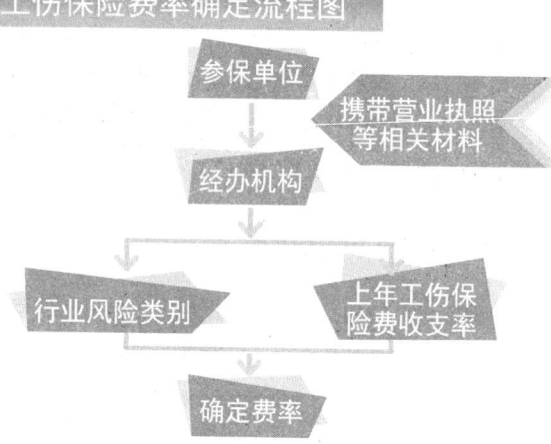

伤发生率、一至四级伤残人数或因工死亡人数等费率浮动考核指标,计算浮动费率。

凡是与用人单位建立劳动关系的职工,都应参加工伤保险并足额缴费，缴费人数除包括正式的在岗职工外，还应包括短期、试用期内等其他与企业存在事实劳动关系的人员。此外，兼职人员与原单位存在劳动关系，应由原单位办理各项社会保险的参保缴费手续，但兼职单位应为其缴纳工伤保险，其余各项社会保险则不需重复缴纳。

缴费工资基数是缴纳工伤保险费的重要参数之一。目前，统计部门每年上半年发布上一年度城镇在岗职工平均工资，各地人力资源和社会保障部门根据新发布的平均工资数确定新一年的养老保险缴费基数上下限。按照《社会保险法》及其他有关规定，参保单位缴费的基数为本单位职工工资总额。

征缴部门根据用人单位当期缴费人数、缴费基数、缴费费率核定缴费金额，以及补缴金额、滞纳金，核定当期工伤保险费应缴总额。

难以直接按照工资总额计算缴纳工伤保险费的建筑施工企业、小型服务企业、小型矿山等企业的缴费核定，按照参保地所在省（自治区、直辖市）社会保险行政部门制定的建筑施工企业、小型服务企业、小型矿山等企业工伤保险费缴费相关的办法、标准，分别核定应缴金额。

五、工伤保险费率确定流程图

工伤保险费率确定的基本流程见图2—1。

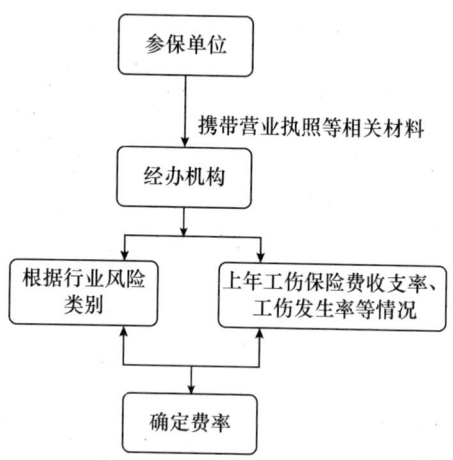

图 2—1 工伤保险费率确定流程示例

第三章 工伤保险服务机构协议管理

工伤保险协议管理是经办机构对医疗机构、康复机构、辅助器具配置机构管理的主要方式。依据《工伤保险条例》第四十七条规定：经办机构与医疗机构、辅助器具配置机构在平等协商的基础上签订服务协议，并公布签订服务协议的医疗机构、辅助器具配置机构的名单。2007年劳动和社会保障部、卫生部、国家中医药管理局印发了《关于加强工伤保险医疗服务协议管理工作的通知》（劳社部发[2007]7号），对工伤保险协议管理工作做出了具体规定。服务协议是指社保经办机构与医疗机构、辅助器具配置机构就有关工伤患者就诊、用药、辅助器具管理、费用给付、争议处理办法等事项，经过平等协商所达成的权利义务协议。

工伤保险服务机构协议管理

经办机构对医疗机构、康复机构、辅助器具配置机构管理的主要方式

一 工伤保险服务机构协议管理的意义

二 工伤保险协议服务机构的选择原则

严格条件 择优选定
规范管理 强化服务
能进能出 动态管理

三 工伤保险协议服务机构职责

（一）建立健全内部管理制度 做好宣传和培训

（二）严格执行有关政策标准

（三）做好费用管理 按时提交结算清单

（四）调取据实出具有关数据和材料

（五）实现网上结算

（六）接受检查 指导和监督

一、工伤保险服务机构协议管理的意义

经办机构与服务机构签订服务协议,一是利用协议规范工伤医疗服务管理、康复服务管理和安装配置辅助器具管理,约束双方行为,明确双方的责任、权利和义务,保障工伤职工得到及时有效救治、康复和安装配置辅助器具。同时,服务机构在相关费用方面能够及时结算,保障工伤职工和服务机构的合法权益。二是规范工伤保险医疗服务管理、康复服务的管理和安装配置辅助器具管理,加强对服务机构的监督检查,控制不合理费用支出,使有限的工伤保险基金发挥更大的效用。三是有利于调动供方主动性和积极性,对内加强管理,对外参与竞争,提高医疗、康复质量和服务质量,控制不合理支出,避免资源浪费,使工伤职工在遭受事故伤害或患职业病后能够得到高质量的医疗、康复和辅助器具配置服务,最大程度地恢复健康,重返社会。

工伤保险服务机构协议管理内容包括:工伤保险医疗机构协议管理、工伤保险康复机构协议管理、工伤保险辅助器具配置机构协议管理。

工伤保险医疗机构协议管理、工伤保险康复机构协议管理、工伤保险辅助器具配置机构协议管理,是明确社保经办机构和协议服务机构双方权利与义务,规范双方行为的具有法律约束力的文本,是处理双方关系,尤其是考核协议机构服务质量和结算费用的重要依据。强化协议管理对于全面落实工伤保险制度各项政策规定,确保参保人员的工伤保障权益,改进服务管理,提高工伤保险基金的使用效益,实现基金收支平衡,促进工伤保险制度健康有效运行具有重要意义。

二、工伤保险协议服务机构的选择原则

1. 坚持严格条件、择优选定原则。根据工伤救治的需要,充分利用优势医疗资源,明确服务能力、服务质量、服务人群、服务范围等方面的客观标准,按照标准进行选择。

2. 坚持规范管理、强化服务原则。实行协议管理,规范协议服务机构的行为,合理控制工伤服务成本,保证基金的合理使用;提高服务质量,方便工伤职工就医,满足工伤职工的医疗、康复需求。

3. 坚持能进能出、动态管理原则。实行检查考核制度和救治效果评价机制,建立优胜劣汰机制。

三、工伤保险协议服务机构职责

工伤保险协议服务机构应当按照有关规定和服务协议履行以下职责:

1. 明确专门管理机构并配备专(兼)职人员,建立健全内部管理制度,做好工伤服务人员工伤保险政策法规的宣传和培训。

2.严格执行工伤保险药品目录、诊疗项目目录、住院服务标准以及有关政策标准。

3.做好工伤医疗、康复、辅助器具配置等费用的管理,并按时提交工伤职工各项费用结算清单。

4.配合人力资源社会保障行政部门、社会保险经办机构,及时调取、据实出具医疗诊断证明书等有关数据和材料。

5.按照要求开发建设应用系统接口,实现与社会保险经办机构工伤医疗相关费用的网上结算。

6.接受人力资源社会保障行政部门、经办机构依法进行的检查、指导和监督。

四、协议管理的主要内容

社保经办机构与医疗机构、康复机构、辅助器具配置机构签订包括服务人群、服务范围、服务内容、服务质量、费用结算办法、费用支付标准以及费用审核与控制等内容的协议。具体内容包括:(1)总则;(2)就诊;(3)诊疗项目管理;(4)药品管理;(5)费用给付;(6)争议处理;(7)附则。

社保经办机构和服务机构要以优化工伤医疗、工伤康复、辅助器具配置服务为出发点,简化工伤职工就医手续,不断提高工伤保险管理服务水平,努力为广大工伤职工提供优质高效的医疗保险服务。

五、工伤保险医疗机构协议管理

（一）确定协议医疗机构的原则

工伤保险协议医疗机构的选择应符合以下原则：能够满足工伤职工诊断、治疗需要；方便工伤职工救治，布局合理，兼顾综合与专科、中西医并重；职业卫生防治结合；有利于促进医疗卫生资源优化配置，提高卫生资源的利用率。有利于促进医疗机构合理竞争，提高医疗服务质量。

（二）工伤保险协议医疗机构的基本条件

医疗机构必须具备法定资格条件，按照《医疗机构管理条例》规定，经登记取得《医疗机构执业许可证》，具有工伤事故和职业病救治所必需的条件，有较高的医疗技术水平，良好的医疗服务设施，具备为工伤职工提供良好医疗服务的能力，遵守工伤保险管理的有关规定。

（三）确定工伤保险协议医疗机构的方式

1. 经办机构与符合条件的医疗机构签订工伤保险医疗服务协议。

2. 未被经办机构选择的医疗机构，可以向经办机构提出申请和提供有关证明材料，经办机构审查同意后并签订服务

第三章 工伤保险服务机构协议管理

协议管理的主要内容

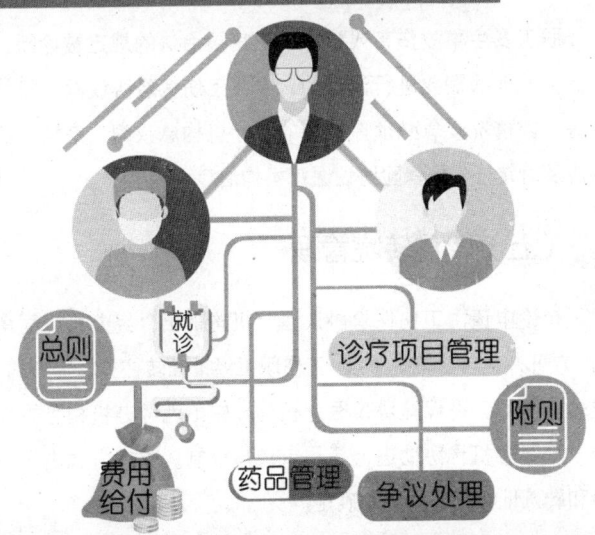

- 总则
- 就诊
- 费用给付
- 药品管理
- 诊疗项目管理
- 争议处理
- 附则

工伤保险医疗机构协议管理

- 原则
- 基本条件
- 方式
- 就医
- 转诊转院
- 不予支付
- 协议范本

协议，作为工伤保险协议医疗机构。

（四）就医管理

职工发生事故伤害或按照职业病防治法的规定被诊断、鉴定为职业病需要进行治疗的，应在工伤保险协议医疗机构就医。因情况紧急必须在就近的医疗机构急救的，病情稳定后应及时转往工伤保险协议医疗机构治疗。

（五）转诊转院管理

转诊申请由工伤保险协议医疗机构提出，经办机构同意后，方可办理转诊转院手续。工伤职工经批准转往异地治疗的，应转入当地工伤保险协议医疗机构。转出地经办机构可委托转入地经办机构协助进行费用审核与控制。委托方式由转出地和转入地经办机构协商确定。

（六）工伤医疗确定不予支付的范围

职工治疗工伤期间发生的治疗非工伤引发的疾病所发生的医疗费用；在境外发生的医疗费用；违反规定在非工伤保险协议医疗机构治疗发生的医疗费用；未经经办机构同意，擅自转院发生的费用；接到出院通知后，拒不出院所发生的医疗费用；不符合工伤保险药品目录、诊疗项目目录、住院服务标准的医疗费用等。

（七）工伤保险医疗服务协议范本

工伤保险医疗服务协议

甲方：社会保险经办机构

乙方：医疗机构

为保障参加工伤保险的工伤职工（以下称工伤职工）得到及时的医疗救治和康复治疗，有效利用工伤保险基金，明确甲乙双方的权利和义务，根据《工伤保险条例》和《关于加强工伤保险医疗服务协议管理工作的通知》（劳社部发[2007]7号），甲方确定乙方为工伤保险医疗服务机构。经双方协商一致，特签订本协议。

第一章 总 则

第一条 甲乙双方应严格遵守国家有关法律、法规，认真贯彻执行省（自治区、直辖市）和统筹地区人民政府关于工伤保险的各项具体规定。

第二条 甲乙双方有权就工伤保险管理和工伤医疗事项向对方提出合理化建议；有权检举和投诉对方工作人员的违规行为。

第三条　甲方应及时向乙方通报工伤保险医疗服务的有关规定，并在当地有关媒体公布乙方为工伤保险协议医疗服务机构。

第四条　乙方应有一名机构负责人负责工伤保险医疗服务工作，并要明确专门机构配备专（兼）职管理人员。乙方应结合本机构实际制定具体措施，并及时向本机构人员和工伤职工宣传工伤保险相关政策。

第五条　甲方应及时向乙方提供参保职工姓名、性别、所在单位等基本情况，按规定向乙方拨付应由甲方支付的医疗费用。

第六条　乙方应利用计算机手段管理，并根据已有信息，按规定做好工伤职工医疗服务、工伤旧伤复发诊断以及提出辅助器具配置建议等工作，及时向甲方据实提供工伤职工就医信息。

第二章　就医管理

第七条　工伤保险参保职工因事故伤害或职业病到乙方就医，未持工伤证件或尚未进行工伤认定的，乙方应视同工伤职工为其提供及时有效的医疗服务，所需费用原则上向用人单位收取。

第八条 工伤职工办理门诊挂号或住院登记手续时,乙方应认真审查其工伤证件,发现就诊者与所持证件身份不符时应拒绝记账,暂扣有关证件,并及时通知甲方。

第九条 工伤职工就医实行医疗服务费用明细制度,乙方应建立工伤职工电子文档,内容包括工伤职工姓名、身份证号码、单位、伤病情、诊疗与支出情况等信息。住院诊疗者还应包括入院时间、出院时间、科别、床号等信息。

第十条 工伤职工就医,乙方应按照工伤保险药品目录、诊疗项目目录、住院服务标准等有关规定管理,并使用甲乙双方共同认定的工伤保险医疗专用双联处方。门(急)诊处方、住院病历保存年限按照卫生部印发的《处方管理办法》《医疗机构病历管理规定》执行。

第十一条 乙方应严格掌握出入院标准,及时为符合出院条件的工伤职工办理出院手续。工伤职工拒绝出院的,乙方应自通知其出院之日起,停止工伤医疗记账,并及时将有关情况通知甲方。

第十二条　乙方限于技术和设备条件不能诊治的工伤职工,需转往其他医疗机构诊疗的,应按有关规定向甲方提出转诊建议,并填写申请单,听取用人单位意见,经甲方同意后方可办理转诊手续。

第十三条　工伤职工认为是旧伤复发到乙方就医,乙方应查验其工伤证件,做出是否是工伤旧伤复发的医疗诊断,并签署意见,报甲方审定后,列入工伤保险医疗服务管理范围。

第十四条　工伤职工需要进行工伤康复的,由协议医疗(康复)机构提出建议,填写《工伤职工康复申请表》,经甲方核准后到指定的协议康复机构或乙方的康复科室进行康复。

第十五条　工伤职工在其他医疗机构所做的检查结果,乙方应充分利用,避免不必要的重复检查。

第十六条　乙方应配合甲方定期或不定期对工伤职工门诊及住院有关情况进行抽查。

第三章　费用结算与给付

第十七条　甲乙双方按照共同商定的方式、标准、范围、期限和程序等进行结算。

第十八条　乙方向甲方提供工伤职工医疗费用汇总和费用明细清单。

第十九条　甲方按规定进行审核,将审核结果通知乙方,并按核定的项目、金额及时支付费用。

第二十条　工伤职工在乙方诊疗期间发生以下情况之一的医疗费用甲方不予支付:

(一)未经甲方同意,乙方擅自使用超出工伤保险药品目录、诊疗项目目录、住院服务标准规定的医疗费用(抢救除外)。

(二)工伤职工诊疗非工伤引发疾病的医疗费用。

(三)在乙方就诊因医疗事故所产生的医疗费用。

(四)不符合物价政策规定的费用。

(五)不符合工伤保险相关法规、政策及本协议所规定的其他医疗费用。

工伤职工治疗非工伤引发的疾病,按照基本医疗保险办法处理;在乙方就诊发生医疗事故,按照《医疗事故处理条例》执行。

第四章　附　　则

第二十一条　甲方不按规定及时足额结算费用

的,乙方可以解除服务协议。

第二十二条 乙方不按服务协议提供服务的,甲方可以解除服务协议。

第二十三条 本协议执行期间,国家法律法规和有关政策规定有调整的,乙方的服务条件、服务内容、法定代表人等发生变化的,甲乙双方协商可修改本协议,无法达成协议的,双方可终止协议。甲乙双方无论以何种理由终止协议,必须提前30日通知对方。

第二十四条 协议期满前1个月内,甲乙双方可以续签本协议。

第二十五条 本协议未尽事宜,甲乙双方可以换文形式进行补充,效力与本协议相同。

第二十六条 本协议一式两份,甲乙双方各执一份,具有同等效力。

第二十七条 本协议有效期自 年 月 日起至 年 月 日止(1年)。

甲方(盖章): 乙方(盖章):

法定代表人(签名): 法定代表人(签名):

　年　月　日　　　　　　　　　年　月　日

六、工伤保险康复机构协议管理

(一) 康复机构条件

工伤保险康复服务机构可选择专门的康复机构,或者是综合医疗机构的康复医学科。工伤职业康复机构要具有较高的职业康复水平和必要的设施,能够为工伤职工提供职业康复服务。

(二) 协议康复机构的确定程序

由经办机构选择符合条件的康复机构和职业康复机构,与之签订服务协议,确定其为工伤保险协议康复机构。

(三) 服务协议

经办机构应与选定的康复服务机构在平等协商的基础上签订包括服务对象、服务范围、服务质量、服务期限及解除协议的条件、费用结算办法、费用审核等内容的书面协议,明确双方的责任、权利和义务。协议签署后,经办机构应及时向社会公布工伤保险协议康复机构名单。

(四) 工伤职工康复申请

工伤职工在治疗、恢复期间或病情稳定后,可向经办机构提出医疗康复或职业康复的申请。经办机构委托工伤保险协议康复机构进行医疗康复评定或职业能力测试后,决定是否同意申请。

(五)康复报告

工伤职工医疗康复结束后,工伤保险协议康复机构应向经办机构提供康复评定报告,评定工伤职工总的功能情况,评价康复治疗的效果。工伤职工职业康复结束后,工伤保险协议康复机构应对其进行职业能力资格测试,测试合格的颁发职业资格证书;测试不合格的,由职业康复机构免费继续进行职业康复。

(六)康复费用结算

工伤职工在工伤保险康复服务机构进行康复期间发生的符合工伤保险规定的费用,由经办机构直接与康复机构结算。工伤职工在工伤认定结论作出前已经进行康复的,先由用人单位或工伤职工垫付费用;工伤认定结论作出后,用人单位或职工再到经办机构报销符合工伤保险规定的费用。

(七)异地康复管理

工伤职工转往异地进行医疗(职业)康复时,需由当地工伤保险康复机构提出申请,经办机构同意。具体办法由省级社会保险行政管理部门制定。

（八）工伤康复服务协议范本

工伤康复服务协议

甲方：社会保险经办机构

乙方：工伤康复机构

为规范工伤康复管理，完善工伤康复服务，促进工伤康复对象（以下简称康复对象）重新回归社会和重返工作岗位，根据《工伤保险条例》《××省实施＜工伤保险条例＞办法》《××省工伤康复管理暂行办法》和《××省工伤职工康复费用结算办法（试行）》等有关规定，甲方确定乙方为工伤康复服务机构，经双方协商，签订如下协议。

第一章 总 则

第一条 甲乙双方应认真执行《××省工伤康复管理暂行办法》和《××省工伤职工康复费用结算办法（试行）》及统筹地区有关政策规定，相互配合，共同做好工伤康复服务管理工作。

第二条 甲方有义务向乙方提供工伤保险康复的

相关政策规定，提供康复对象相关的基本信息，并协助乙方做好工伤康复服务工作。

第三条　乙方应确定专门机构配备专（兼）职管理人员，负责工伤康复服务的管理工作，并制定相应的管理制度。乙方有义务及时向医务人员和康复对象宣传、解释工伤康复有关政策。

第四条　甲方有责任对乙方为工伤职工提供康复服务的情况进行监督检查。乙方有责任向甲方提供准确的与工伤康复有关的资料和数据信息等，甲方需查看工伤职工康复档案及有关资料或询问当事人等，乙方应予以配合。

第二章　康复管理

第五条　乙方应认真核查工伤职工康复治疗申请的基本信息，发现与康复对象身份不相符合时予以拒绝并及时通知甲方。乙方要严格执行工伤康复标准，不得推诿、拖延、拒绝收治符合康复条件的康复对象。

第六条　乙方应严格执行《××省工伤职工康复费用结算办法（试行）》的相关规定，为康复对象提供优质的服务。

第七条 乙方使用超出"支付范围"外的项目时,须履行告知义务,并经康复对象及家属、或康复对象单位签字确认后方可使用。

第八条 康复对象在康复期间,因病情需要到院外购药、检查或购置辅助器具的,乙方需提供详细清单,经甲方审批签章同意后,其费用由乙方垫付,符合工伤保险规定的费用纳入工伤保险基金结算。

第九条 乙方应在康复对象接受康复治疗后 3~5 日完成康复前期评价,中期评价每月一次,后期评价在康复终结前 7 日内完成。

第十条 乙方要建立康复对象康复服务明细记录制度,详细记录康复项目、项目实施次数、康复时间、康复费用和康复效果等原始记录。

第十一条 乙方应严格按照《××省工伤康复管理暂行办法》第 ×× 条规定执行,康复医疗期满后,应及时办理康复终结手续,不得故意延长康复时间。

第十二条 康复对象因伤情需要转院(异地)康复治疗的,由乙方开具转诊单,工伤职工单位同意并报甲方批准后,方可转院(异地)进行工伤康复。

第十三条　康复对象在康复期间受到意外伤害的，由康复机构承担责任。

第三章　档案管理

第十四条　乙方应在康复对象接受康复治疗的当日起建立康复档案。

康复档案内容包括：康复计划、康复治疗处方、康复实施人、康复实施时间、康复次数、康复执行单（经本人签字的）、康复前期评价、康复中期评价和康复后期评价及康复期间其他相关材料。

第十五条　乙方应做好康复对象在康复期间的档案收集、分类、整理、立卷、归案、确保归档材料的完整，不得篡改伪造。

第十六条　乙方对康复对象的康复档案要妥善保管、有序存放，并能及时提供给甲方查阅。

第四章　费用结算

第十七条　甲乙双方按照《××省工伤职工康复费用结算办法（试行）》共同协商的结算方式、标准、范围、期限和程序等进行结算。

康复对象康复期间，由参保单位或康复对象预付一定资金作为支付康复对象在康复期间使用"支付范围"外的费用。

第十八条 康复职工康复期间采取先记账后结算的方式。康复对象康复终结后,由乙方按照《××省工伤职工康复费用结算办法(试行)》第××条规定向甲方申报审核结算康复费用。

第十九条 甲方收到乙方材料后,严格按照《××省工伤职工康复费用结算办法(试行)》第××条规定及时办结。

第二十条 乙方有违反《××省工伤康复管理暂行办法》第××条和《××省工伤职工康复费用结算办法(试行)》第×条规定之一的,所发生的费用工伤保险基金不予支付。

第五章 附 则

第二十一条 甲方对乙方的工伤康复服务质量和管理情况采取定期检查和不定期抽查,对违反规定的,视情节给予通报、限期整改或暂停工伤康复费用结算。

甲方对乙方的工伤康复服务质量和管理情况进行

定期的考核，考核不合格的，终止工伤康复服务协议关系；情节严重的，建议社会保险行政管理部门取消工伤康复协议医疗机构资格。

第二十二条 本协议一经签订，双方应严格遵守，认真履行，不得随意修改或变更。本协议未尽事项，应依据相应的法律法规办理。法律法规无明文规定的，须由甲乙双方协商签订补充协议，补充协议与本协议具有同等法律效力。

本协议执行过程中如发生矛盾和争议，可由甲乙双方或主管部门协商解决，协商解决不了的，双方可终止协议。甲乙双方无论以何种理由终止协议，必须提前30日通知对方。

第二十三条 协议履行期间，国家法律法规和省有关工伤保险政策调整时，与本协议条款内容有抵触的，甲乙双方应按照新政策执行。

第二十四条 本协议有效期自　　年　月　日起至　　年　月　日止。协议期满前1个月内，甲乙双方可以续签本协议。

第二十五条 本协议一式二份，甲乙双方各执一份，具有同等效力。

甲方（盖章）： 乙方（盖章）：

法定代表人（签名）： 法定代表人（签名）：

　年　月　日 　　　　　年　月　日

七、工伤保险辅助器具配置机构协议管理

（一）辅助器具配置协议机构选择

统筹地区经办机构应根据当地工伤保险工作需要，择优选择辅助器具配置机构，与其平等协商签订工伤职工辅助器具安装配置服务协议，并公布签订服务协议的辅助器具配置机构的名单。

（二）辅助器具配置确认

工伤职工因日常生活或者就业需要，要求安装配置辅助器具的，工伤医疗机构、康复机构或劳动能力鉴定专家也可向劳动能力鉴定委员会提出辅助器具安装配置的建议，由劳动能力鉴定委员会在规定时间内依据国家有关规定和标准作出决定，并及时送达工伤职工及其所在单位和经办机构。

（三）费用结算

统筹地区经办机构应按照辅助器具安装配置的有关决

定，组织签订服务协议的辅助器具生产配置机构为工伤职工安装配置辅助器具，并按照国家规定的标准进行费用结算。

（四）辅助器具配置机构责任

签订服务协议的辅助器具配置机构应提供配置前检查和配置后训练工作。辅助器具由于产品质量问题或装配问题造成损坏的或人员伤害的，由辅助器具配置机构承担相应责任，负责免费维修、更换并承担由此造成的新伤害部位的医疗费用。

（五）辅助器具配置档案管理

劳动能力鉴定委员会、经办机构、用人单位应为工伤职工建立辅助器具安装配置资料档案，并妥善保管。

（六）定点辅助器具配置机构服务协议范本

定点辅助器具配置机构服务协议

甲方：社会保险经办机构

乙方：辅助器具配置机构

根据《工伤保险条例》（国务院令第586号）及

工伤保险服务机构协议管理 第三章

配套办法,为规范定点服务机构辅助器具配置,确保参保职工的工伤待遇,经甲乙双方协商,特签订如下协议。

第一条 甲乙双方应认真执行《工伤保险条例》和省、市有关工伤保险政策规定,甲方应向乙方及时通报职工工伤保险政策及管理制度、操作规程的变化情况,并提供必要的培训。

第二条 甲方应向乙方提供《因工伤残职工辅助器具配置表》和辅助器具配置人员相关资料,乙方应根据工伤职工伤残情况,提出合理的配置方案、辅助器具的产地、配件明细和费用清单,作为甲方审核的依据。

第三条 乙方凭甲方核准的《因工伤残职工辅助器具配置表》进行辅助器具配置,乙方向参保职工提供超出工伤保险基金支付标准的辅助器具费用时,应征得用人单位和职工本人同意,超出部分由用人单位或职工承担。

第四条 乙方提供的辅助器具配置应符合《工伤保险条例》规定的有关标准、项目。乙方应严格执行物价等部门制定的医疗服务项目和辅助器具的收费标准,做到合理检查、合理配置、合理收费。

第五条 乙方应由专业技术人员负责辅助器具管理、配置工作,建立健全配套的管理制度,检查督促技术人员严格执行工伤保险有关规定。

第六条 甲方对乙方向需要配置辅助器具的工伤职工提供的基本服务(包括器具项目及收费标准等)进行检查,乙方应给予积极配合并及时提供相关资料。

第七条 乙方因辅助器具配置不当给工伤职工造成新的伤害,或在规定使用年限正常使用时发生损坏的,应承担维修、更换以及职工治疗新的伤害部位的医疗费用。

第八条 乙方应在工伤职工辅助器具配置服务终结时出具康复小结,提供费用发票,由用人单位到甲方办理结算。

第九条 本协议执行过程中如发生争议,双方可按照有关法律法规协商解决。

第十条 甲方可根据乙方履行本协议的情况,决定是否与乙方续签下一年度定点服务协议,在本协议期满前一个月内,由甲方以书面形式通知乙方,乙方也可以在本协议期满前一个月内以书面形式告知甲方决定是否续签协议。本协议期满后未再续签的,从协议终止日的次日起自动终止。

第十一条 本协议未尽事宜,除现有的工伤保险有关政策明确规定外,双方可以换文形式进行补充,经双方签字盖章确认后其效力与本协议相同。

第十二条 本协议经甲、乙双方盖章、签字后生效。有效期1年,自　年　月　日起至　年　月　日止。本协议一式二份,甲乙双方各执一份。

甲方(盖章):　　　　　　乙方(盖章):

法定代表人(签名):　　　法定代表人(签名):

　年　月　日　　　　　　　年　月　日

八、工伤医疗、康复与辅助器具配置管理程序

经办机构与符合规定的工伤医疗、康复与辅助器具配置机构签订服务协议,规范各方行为。工伤医疗、康复、辅助器具配置管理程序如下:

1. 职工发生工伤后，所在用人单位应在3日内采用书面或电话形式向当地经办机构报告；

2. 工伤职工就医一般应到工伤协议医疗机构就诊，急诊就医可就近诊疗，待生命体征稳定后再转往工伤协议医疗机构；

3. 工伤职工因伤情需要到统筹地区以外就医的，由经治工伤协议医疗机构提出建议、参保单位提出意见，经办机构核准后方可前往；

4. 工伤职工因旧伤复发需要治疗的，由就诊的工伤协议医疗机构提出诊断意见，经办机构核准后到工伤协议医疗机构就医。有争议的由劳动能力鉴定委员会作出决定；

5. 工伤职工需要进行医疗康复、职业康复的，填写规定的表格，医疗（康复）机构提出建议，参保单位提出意见，由经办机构核准后到工伤协议医疗（康复）机构进行康复；

6. 工伤职工需要配置辅助器具的，按照劳动能力鉴定结论，参保单位或工伤职工填写申请表，由经办机构按照规定，对规格、型号、价格标准核准，到协议辅助器具配置机构安装配置。

第四章 工伤保险待遇审核与支付

为加强工伤保险业务经办管理,规范和统一经办操作程序,依据《中华人民共和国社会保险法》和《工伤保险条例》等有关法律法规,人力资源和社会保障部对《工伤保险经办业务管理规程(试行)》(劳社厅发[2004]6号)进行了重新修订,形成了《工伤保险经办规程》(人社部发[2012]11号)。统一的经办规程是重要的基础性工作,对于规范工伤保险业务经办行为,提高工作效率和服务质量,加快推进工伤保险信息系统建设具有重要意义。

工伤保险待遇审核与支付 第四章

一、工伤保险待遇的享受条件

（一）一般条件

1. 参加工伤保险。中华人民共和国境内的企业、事业单位、社会团体、民办非企业单位、基金会、律师事务所、会计师事务所等组织和有雇工的个体工商户应当按照《条例》规定参加工伤保险，为本单位全部职工或者雇工缴纳工伤保险费，职工个人不缴费。

依照《条例》规定，应参加而未参加工伤保险的用人单位职工发生工伤的，由该用人单位按照《条例》规定的工伤保险待遇项目和标准支付费用。

2. 工伤认定和鉴定。职工因工作原因受到事故伤害或者患职业病，且经工伤认定的，享受工伤保险待遇；其中，经劳动能力鉴定丧失劳动能力的，享受伤残待遇。

（二）特殊条件

《社会保险基金先行支付暂行办法》规定职工所在用人单位未依法缴纳工伤保险费，发生工伤事故的，用人单位应当采取措施及时救治，并按照规定的工伤保险待遇项目和标准支付费用。

职工被认定为工伤后，有下列情形之一的，职工或者其近亲属可以持工伤认定决定书和有关材料向社会保险经办机

构书面申请先行支付工伤保险待遇:

1. 用人单位被依法吊销营业执照或者撤销登记、备案的;

2. 用人单位拒绝支付全部或者部分费用的;

3. 依法经仲裁、诉讼后仍不能获得工伤保险待遇,法院出具中止执行文书的;

4. 职工认为用人单位不支付的其他情形。

(三)排除工伤事由

排除工伤事由,是指劳动者所遭受的伤害,虽然是在工作中或与工作相关的活动中造成的,但法律明确规定不属于工伤的情形。例如:故意犯罪的;醉酒或者吸毒的;自残或者自杀的等情形。

二、工伤保险基金列支的待遇项目与标准

社保经办机构从工伤保险基金向符合条件的工伤(亡)职工及供养亲属支付3类12项待遇。

(一)由社保经办机构从工伤保险基金列支的待遇项目与标准

1. 工伤医疗待遇:(1)工伤医疗费用(即治疗工伤、职业病所发生的符合国家规定的相关目录或标准的全部医疗费用);(2)工伤康复费用。

2.伤残待遇：(1)一次性伤残补助金；(2)伤残津贴；(3)生活护理费；(4)辅助器具安装配置费用。

3.工亡待遇：(1)一次性工亡补助金；(2)丧葬补助金；(3)供养亲属抚恤金。

伤残职工在停工留薪期内因工伤导致死亡的，其直系亲属享受工亡三项待遇；一至四级伤残职工在停工留薪期满后死亡的，只享受丧葬补助金和供养亲属抚恤金。

2010年出台的《社会保险法》和修订后的《工伤保险条例》，增加了由工伤保险基金支付的待遇项目，包括住院伙食补助费；到统筹地区以外就医的交通食宿费；终止或解除劳动合同时，应当享受的一次性工伤医疗补助金；调整了一次性工亡补助金和一次性伤残补助金的标准（见表4—1）。

工伤职工有下列情形之一的，停止享受工伤保险待遇：丧失享受待遇条件的，拒不接受劳动能力鉴定的，拒绝治疗的。

（二）特殊人群及待遇

1.退休后的工伤保险待遇。退休前认定为工伤的职工，退休后基本养老保险待遇低于伤残津贴的，由工伤保险基金补足差额；退休后由工伤保险基金继续支出生活护理费、辅助器具配置、更换费用；退休后旧伤复发，由工伤保险基金支付工伤医疗待遇。

2.职工退休前参加了工伤保险，退休后被诊断为职业病并认定为工伤的，应该享受工伤医疗待遇。

表 4—1　工伤保险基金支付待遇项目表

待遇类别		项目	计发标准		
医疗（康复）待遇		医疗费用	按规定标准支付		
		康复费用			
		住院伙食补助费	按规定标准支付		
		统筹地区外就医交通食宿费	按规定标准支付		
伤残待遇		一次性工伤医疗补助金	终止或解除劳动合同时，按规定标准支付		
		一次性伤残补助金	本人工资	一级	27个月
				二级	25个月
				三级	23个月
				四级	21个月
				五级	18个月
				六级	16个月
				七级	13个月
				八级	11个月
				九级	9个月
				十级	7个月

续表

待遇类别	项目	计发标准		
伤残待遇	伤残津贴	本人工资	一级	90%
			二级	85%
			三级	80%
			四级	75%
	生活护理费	统筹地区上年度职工月平均工资	生活完全不能自理	50%
			生活大部分不能自理	40%
			生活部分不能自理	30%
	辅助器具配置费	按规定项目，标准支付		
工亡待遇	一次性工亡补助金	上年度全国城镇居民人均可支配收入	20倍	
	丧葬补助金	统筹地区上年度职工月平均工资	6个月	
	供养亲属抚恤金	本人工资	配偶	40%
			其他亲属	30%
		孤寡老人或孤儿每人每月在上述标准基础上增加10%		

3. 根据《关于农民工参加工伤保险有关问题的通知》(劳社部发 [2004]18 号)规定,对跨省流动的农民工一至四级伤残长期待遇的支付,可选择一次性或长期支付方式。一次性享受工伤保险长期待遇的,需由农民工本人提出,与用人单位解除或者终止劳动关系,与统筹地区社会保险经办机构签订协议,终止工伤保险关系。待遇标准按照省(自治区、直辖市)劳动保障行政部门制定的标准计发。

4. 用人单位未按照规定及时足额缴费的,在此期间发生的工伤及各项待遇由用人单位负担。用人单位补缴工伤保险费后并正常缴费,在此后工伤职工的各项待遇和新发生工伤及各项待遇由工伤保险基金支付。

(三)未参保职工发生工伤后待遇由用人单位支付

用人单位依照《条例》规定应当参加工伤保险而未参加的,由劳动保障行政部门责令改正;未参加工伤保险期间用人单位职工发生工伤的,由该用人单位按照《条例》规定的工伤保险待遇项目和标准支付费用。

(四)工伤保险基金先行支付的情况

根据《社会保险法》第四十一条规定,职工所在用人单位未依法缴纳工伤保险费,发生工伤事故的,由用人单位支付工伤保险待遇。用人单位不支付的，从工伤保险基金中先行支付。先行支付的工伤保险待遇应当由用人单位偿还。用人单位不偿还的，社会保险经办机构可以依照《社会保险法》第六十三条的规定追偿。

根据《社会保险法》第四十二条规定，由于第三人的原因造成工伤，第三人不支付工伤医疗费用或者无法确定第三人的，由工伤保险基金先行支付。工伤保险基金先行支付后，有权向第三人追偿。

三、享受待遇人员资格的核定

享受待遇人员资格的核定，是指经办机构对用人单位为受伤员工及时足额缴费情况，工伤认定、劳动能力鉴定情况，单位申报工伤认定时间，因工死亡职工分类及享受供养亲属抚恤金人员的资格等内容进行审核。

1. 经办机构对三类人员资格进行核定：工伤职工、工亡职工、供养亲属。

2. 进行享受待遇人员资格审核时，经办机构受理申请人填写的待遇申领表，要求其提供居民身份证或户口簿、《认定工伤决定书》、劳动能力鉴定结论、因工死亡职工供养亲属身份及供养关系公证材料相关文件等。

3. 经办机构对以下资料审核：申请人提供的《认定工伤决定书》；该职工在发生工伤时，所在单位参保、缴费情况；参保单位是否在事故发生或职业病诊断（鉴定）后的规定时间内申请了工伤认定；工亡职工供养亲属有关证明资料。

4.审核通过后，确定享受待遇人员名单，明确支付责任，将审核意见告知申请人。

5.享受待遇资格的验证。经办机构对工伤职工享受工伤待遇和供养亲属待遇资格每年验证一次，综合职工的参保信息，领取待遇人员生存状况，待遇支付信息等。

四、工伤医疗（工伤康复）待遇审核

工伤医疗（工伤康复）待遇审核是指经办机构对职工发生事故伤害或者按照职业病防治法规定被诊断、鉴定为职业病，经认定为工伤的职工所发生的医疗、康复费用，是否符合国家和地方的有关规定进行审核。

1.职工在工伤认定前的工伤医疗费用及在统筹地区以外就医的工伤医疗费用由参保单位垫付，待接到《认定工伤决定书》后，到经办机构按规定进行审核。

2.经办机构受理申请人填写的费用核定表，并要求提供工伤职工的医疗（康复）票据和费用清单（处方）、医疗诊断证明书等资料。

3.经办机构对工伤职工各项检查治疗是否与工伤部位、职业病病情相符合，是否符合规定的项目、目录、标准等进行审核。

4.经办机构根据相关标准计算核定工伤职工的住院伙食补助费、统筹地区以外就医交通食宿费数额。

5. 工伤职工终止或解除劳动合同时，按照伤残等级标准核定一次性工伤医疗补助金。

6. 审核通过后，经办机构计算申领人的医疗（康复）待遇数额，并将审核意见告知申请人。

7. 职工经认定为工伤，或者工伤职工旧伤复发的，经办机构对工伤医疗（康复）费用进行审核，并与协议医疗（康复）机构直接结算费用。

8. 待遇申领人对工伤医疗（康复）待遇审定金额有异议的，提出重核申请时，经办机构予以重核，并将重核结果通知待遇申领人。

五、伤残待遇核定

伤残待遇的核定包括一次性伤残补助金、伤残津贴、生活护理费和辅助器具配置费等内容。符合一次性领取资格的人员，按相关规定执行。

1. 经办机构受理工伤职工伤残待遇申请，并审查通过资格核定的待遇申领表、劳动能力鉴定结论、配置辅助器具确认书等资料。

2. 经办机构根据劳动能力鉴定结论确认伤残等级，按照规定计算工伤职工的一次性伤残补助金、伤残津贴和生活护理费数额以及配置（更换）辅助器具费用核定金额，将核定结果告知申请人。

3. 经办机构与签订协议的辅助器具配置机构直接结算费

用时，应按规定进行审核。

4. 工伤职工对一次性伤残补助金、伤残津贴和生活护理费支付金额以及对配置（更换）辅助器具费用核定金额有异议，提出待遇重核申请时，经办机构应予以重核，将重核结果通知参保单位和工伤职工。

六、工亡待遇核定

工亡待遇包括丧葬补助金、一次性工亡补助金和供养亲属抚恤金。工亡待遇核定是经办机构在区别直接死亡、停工留薪期内因工伤导致死亡和一至四级伤残职工在停工留薪期满后死亡的情况之后，对其亲属核定丧葬补助金、一次性工亡补助金，对符合享受供养条件的人员按具体人数核定供养亲属抚恤金。

1. 职工因工死亡，经办机构受理工亡待遇申请，并审查通过资格核定的待遇申领表、工伤认定结论等资料。

2. 经办机构按规定标准计算工亡职工的一次性工亡补助金、丧葬补助金，计算供养亲属的抚恤金数额，核定计发金额，发放供养亲属资格证明，将核定结果告知申请人。

3. 工亡职工供养亲属对工亡待遇核定金额有异议、提出重核申请时，经办机构应予以重核，将重核结果通知申请人。

七、待遇调整审核

在统筹地区统一调整工伤保险待遇，或工伤职工有关情况发生变化、工亡职工供养亲属丧失了供养条件时，按规定调整工伤保险待遇。

1. 根据有关规定对享受工伤保险待遇人员的相关待遇进行统一调整。

2. 工伤职工丧失享受待遇条件、拒绝劳动能力鉴定或治疗、达到退休年龄、死亡的，供养亲属丧失或暂时丧失供养条件的，经办机构应及时核对，停止其工伤保险待遇。

3. 工伤职工劳动能力鉴定结论发生变化的，应重新填写待遇申领表并提交劳动能力鉴定结论或服刑完毕证明。经办机构进行核对，调整或恢复其工伤保险待遇。

4. 享受工伤保险待遇人员对待遇调整金额有异议，提出重核时，经办机构予以重核，将重核结果通知有关享受工伤保险待遇人员。

八、待遇支付

待遇支付是指经办机构根据待遇核定结论，对各项待遇费用，包括工伤医疗（工伤康复）费用、住院伙食补助费、统筹地区外就医交通食宿费、一次性工伤医疗补助金、一次性伤残补助金、伤残津贴（含工伤保险伤残津贴高于基本养老金的差额）和生活护理费、配置辅助器具费用、丧葬补助金、一次性工亡补助金和供养亲属抚恤金进行结算、支付。

伤残津贴、护理费从完成劳动能力鉴定的次月开始计发，供养亲属抚恤金从工伤职工死亡的次月开始计发；工伤医疗

(工伤康复)待遇由经办机构依据核定的结果支付参保单位(工伤职工)垫付的费用或工伤医疗(工伤康复)协议服务机构的医疗(康复)费;安装配置辅助器具费用由经办机构依据待遇核定的安装、配置伤残辅助器具的项目、金额,及时支付有关协议医疗机构或辅助器具配置机构。

具体支付方式根据当地具体情况、享受工伤保险待遇人员意见支付,有条件的地方应对定期支付的待遇,实行社会化发放。

九、工伤保险待遇支付流程图

工伤保险待遇支付流程见图 4—1。

工伤保险待遇支付流程图

图4—1 工伤保险待遇支付流程

附录: 工伤保险案例评析

FULUGONGSHANGBAOXIANANLIPINGXI

工伤保险经办

1. 领取城乡居保待遇者能否享受供养亲属抚恤金?

【案例描述】某地一位父亲(62岁)参加了城乡居民养老保险,每月享受基础养老金60元。现其在煤矿工作的儿子发生工伤并死亡,请问该父亲能否作为其儿子的供养亲属享受供养亲属抚恤金?

【案例评析】根据工伤保险供养亲属抚恤待遇的相关规定,由工伤职工生前提供主要生活来源的近亲属,属于该工伤职工的供养亲属,具有年满60周岁等法定情形可以享受供

养亲属抚恤金。该父亲每月享受 60 元的基础养老金,不足以支撑其主要生活来源,因此可以认定为其儿子的供养亲属。在其儿子工亡后,需要由工伤保险抚恤金替代提供主要生活来源,因此可以享受供养亲属抚恤金。

2. 领取养老金后应否停发供养亲属抚恤金?

【案例描述】某单位一职工在 20 世纪 90 年代因工伤去世,其某亲属享受供养亲属抚恤金。历经调整,至 2011 年,该亲属享受的供养亲属抚恤金每月已达 1 100 余元。2011 年初,根据国家及地方相关政策,该亲属一次性补缴了养老保险费,纳入基本养老保险社会统筹,自 2011 年 4 月起,其按月享受基本养老金 1 100 余元。鉴于其领取基本养老金的事实,我单位停发其供养亲属抚恤金。本人不服,要求单位继续支付供养亲属抚恤金。其要求是否有法律依据?

【案例评析】享受供养亲属抚恤金的基本条件是,由死者生前提供主要生活来源,其核心条件是缺乏稳定的生活来源,需要供养。在职职工工亡时,如果该亲属领取基本养老金,应认为其不存在供养问题,不符合申请供养亲属抚恤金要求。现在既然其已经领取基本养老金,同样应认为其不再需要供养,不具有继续申请领取供养亲属抚恤金的条件。

对于保障目的相同的社会保障项目,同一主体不能同时享受两个及以上项目。供养亲属抚恤金的目的是为没有生活来源的特定人员提供基本生活保障,基本养老金则是为所有

工伤保险经办

领取养老金后应否停发供养亲属抚恤金?

老人提供基本生活保障,对于该系属这个保障对象而言,两者是重叠的,重复享受这两者待遇,有违社会保险制度的设计目的。因此,停发其供养亲属抚恤金是正当的,其要求没有法律依据。

3. 工伤保险费停缴前发生的工伤事故由谁承担工伤保险责任?

【案例描述】某工伤人员在工伤事故发生时已经参加了

工伤保险案例评析 附 录

工伤保险。在其停工留薪期结束前,用人单位向社保机构办理了减员手续(以劳动关系终止为由),停止给该人员缴纳

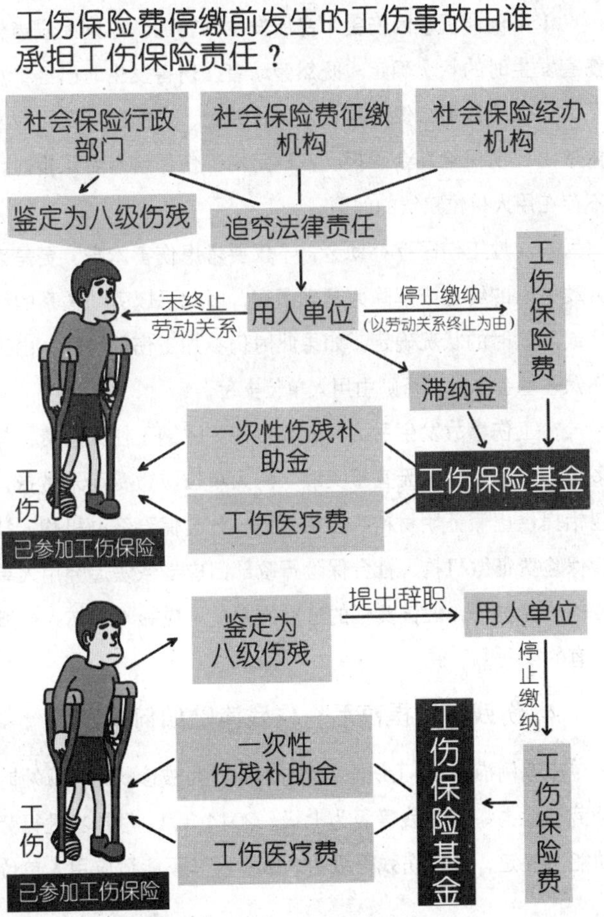

工伤保险费停缴前发生的工伤事故由谁承担工伤保险责任?

工伤保险费等。用人单位未与个人办理劳动关系终止或解除手续。后该人员被鉴定为八级伤残。其工伤保险待遇由谁支付？能否要求用人单位赔偿？

【案例评析】因伤害本身所发生的待遇，原则上应当依伤害发生时的状况确定。既然劳动者在伤害发生时已经参加了工伤保险，那么像一次性伤残补助金、工伤医疗费用应当依法由工伤保险基金承担。在确定由工伤保险基金承担时，不存在用人单位赔偿的问题。

一次性工伤医疗补助金，不仅要考虑伤害本身，更是以劳动关系的终止或解除为基础事实，因此可以劳动关系的终止或解除时的状况确定，如果此时仍参加工伤保险的，由工伤保险基金支付；否则由用人单位支付。

在工伤事故发生后，用人单位停止缴纳工伤保险费，与多数工伤保险待遇无直接关联。用人单位应缴费而未缴费，包括提供虚假证明材料终止缴费的，社会保险经办机构、社会保险费征缴机构、社会保险行政部门应当依法追究用人单位的法律责任，但该责任的追究原则上不应影响工伤人员所享有的权利。

4. 伤残等级提高后，伤残津贴如何确定？

【案例描述】某工伤职工2012年11月被诊断为I期矽肺，经劳动能力鉴定伤残等级为七级。2014年11月再次进行劳动能力鉴定，确定伤残等级为六级。因其不能适应用人单位安排的工作,用人单位拟向其发放伤残津贴。其伤残津贴应以其本人何时的工资标准确定?如果该职工自2012年11月至2014年11月均未工作,期间待遇应如何支付?伤残津贴是否受影响?

【案例评析】《条例》第三十六条规定,六级伤残的工伤职工,难以安排工作的,由用人单位按月发给伤残津贴,标准为本人工资的60%。《条例》第六十四条第二款规定,《条例》所称本人工资,是指工伤职工因工作遭受事故伤害

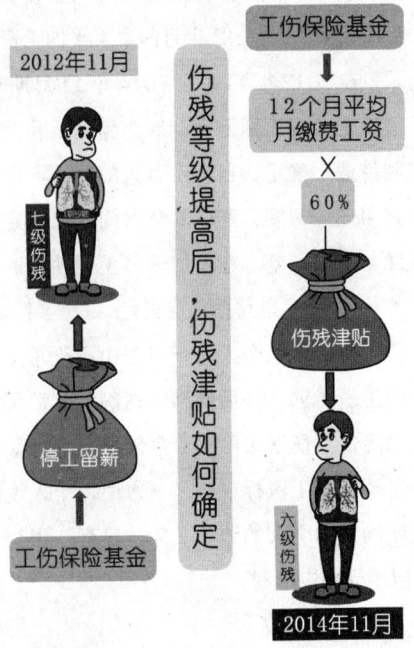

或者患职业病前12个月平均月缴费工资（上下限分别为统筹地区职工平均工资的300%和60%）。第六十四条第二款所称的本人工资并非指第三十六条中的本人工资。就立法而言，这一概念性条款并不周延。我们认为，第三十六条规定的本人工资主要应指确定计发伤残津贴的伤残等级确定之前的本人工资。《工伤保险经办规程》（人社部发[2012]11号）第八十条第二款规定，伤残津贴、生活护理费从做出劳动能力鉴定的结论次月起计发。本例中，六级伤残津贴应自2014年12月开始发放，因此作为计发基数的本人工资原则上应指2014年11月（包括）之前12个月的本人平均工资为宜。

该工伤职工在2012年11月至2014年11月期间未工作，如果该期间被确定为停工留薪期，因为停工留薪期待遇仍按"原工资福利待遇"确定，自然没有大的问题。但如果停工留薪期仅为其中部分时间，那么其余时间如何确定待遇标准就会对伤残津贴发生影响。在不属于停工留薪期时，待遇有三种确定方式，一是停工留薪期待遇支付；二是参照病假处理，按照病假工资支付；三是个人无正当理由不正常上班，按旷工处理不支付工资待遇。按后两种待遇确定，都可能导致六级伤残津贴的降低。伤残津贴实际金额低于当地最低工资标准的，应补足至最低工资标准；另一方面，个人也应当严格遵守劳动法所确定的个人的劳动义务，只有在履行了义务的前提下才可以享受相应权利。

5. 不属于工伤保险基金支付范围的费用能否列入医保基金支付?

【案例描述】在工伤人员的抢救及后续治疗中,有些治疗不属于对工伤本身的治疗,因为医疗事故所产生的后续治疗费用,如果工伤保险基金拒绝支付,能否列入医保基金支付范围?

【案例评析】对于药品目录等范围,就一般情形来说,由于工伤保险的支付范围更宽,例如,基本医疗保险区分甲类和乙类药品,而工伤保险则不区分,因此不属于基本医疗保险支付范围的,有可能属于工伤保险支付范围;不属于工伤保险支付范围的,也不应属于基本医疗保险支付范围。

而就伤病类型而言,医疗费用究竟属于工伤保险还是基本医疗保险保障范围,则需要看伤病的具体情形。一般来说,工伤在本质上也属于伤病范畴,其与一般伤病的区别在于发生原因不同,因此,工伤保险所保障的工伤与基本医疗保险所保障的伤病,属于特殊与一般的关系,如果不属于工伤保险保障范围,则应纳入基本医疗保险保障范围。从实践来看,主要有两种情形:一种是未能认定为工伤的;另一种是治疗与工伤无关的伤病所发生的医疗费用。

而在特定情形下发生的医疗费用,可能既不属于工伤保险保障范围也不属于基本医疗保险保障范围,而应当先由第三人承担。根据《社会保险法》第四十二条等规定,由于第

三人的原因造成工伤的,应当先由第三人支付工伤医疗费用。这种医疗费用也不应当由基本医疗保险基金承担。第三人不支付工伤医疗费用或者无法确定第三人的,由工伤保险基金先行支付,工伤保险基金先行支付后,有权向第三人追偿。

6. 一次性伤残补助金与伤残津贴的支付依据是否相同?

【案例描述】我单位有一名职工被诊断为尘肺病,已认定为工伤并鉴定了伤残等级,由社保机构按月支付伤残津贴。但对于一次性伤残补助金,有意见认为,尘肺病不是一朝一夕形成的,实际在职业病诊断前就已经形成,因此,一次性伤残补助金不应该由尘肺病诊断时的参保机构支付,而应该由之前的责任主体支付。另外,我单位参保时间不长,有关机构要求我们必须把以前的社保费全部补缴后在考虑支付一次性伤残补助金。这样的要求是否合理?

【案例评析】尘肺病有可能在职业病诊断前就已经形成,这仅仅是"可能"。此主张要成为法律事实,必须有证据支持,这样的证据显然是没有的。法定证据表明法律事实是,尘肺病在职业病诊断鉴定文书生效时发生,并从此时产生工伤保险法律责任。

用人单位未依法缴纳社会保险费,自然应当依法补缴,

一次性伤残补助金与伤残津贴的支付依据是相同的

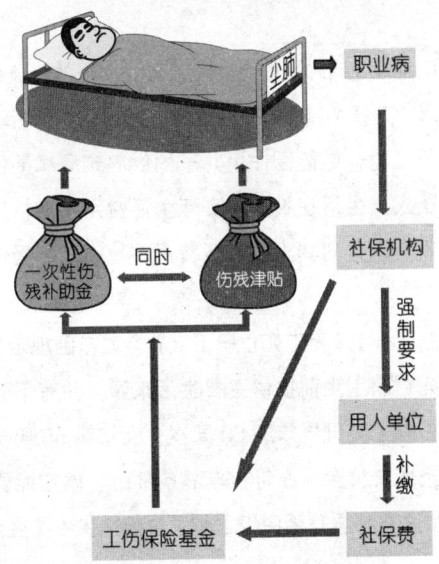

但是这和社保机构应不应该支付工伤保险待遇没有直接关联。工伤职工在诊断尘肺病时已经参加了工伤保险并缴纳了工伤保险费的,社会保险经办机构应当支付一次性伤残补助金。社会保险机构可以通过强制手段要求用人单位补缴,但如果以用人单位不缴就不支付一次性伤残补助金,则该不支付行为属于违法行为。

一次性伤残补助金与伤残津贴的支付依据是相同的,社保机构在支付伤残津贴的同时,却拒绝支付一次性伤残补助金,显然是不合理的。

7. 非因工死亡人员遗属能否享受供养亲属抚恤金?

【案例描述】某人员作为非因工死亡人员的遗属(配偶),享受了遗属定期抚恤待遇,每月100多元,没有其他固定收入。现在其儿子工亡,她能否作为儿子的供养亲属享受供养亲属抚恤金?该人员生活在农村,实际生活费用不高,如果她的儿子生前没有固定向其支付生活费用,她能否享受供养亲属抚恤金?

【案例评析】《因工死亡职工供养亲属范围规定》规定,依靠因工死亡职工生前提供主要生活来源,并有下列情形之一的,工亡职工父母男年满60周岁、女年满55周岁的,可申请供养亲属抚恤金。在符合年龄条件时,确定能否享受供养亲属抚恤金主要看是否由工亡职工生前提供主要生活来源。

确定某一亲属是否由工亡职工生前提供主要生活来源，通常从两个方面分析。一方面，确定该亲属是否有其他合法的、稳定的基本生活来源。如果该亲属有其他的基本生活来源，则应认为其已经有主要生活来源，因而不是由工亡职工生前提供主要生活来源，不应享受供养亲属抚恤金。如果该亲属没有其他的基本生活来源，则有可能作为因工死亡职工的供养亲属。这是可能性的判断。另一方面，该亲属虽然没有其他基本生活来源，但因工死亡职工生前也没有向其提供主要生活来源的，仍然不能享受供养亲属抚恤金。这主要是事实上的判断，更多涉及证据的判定。从理论及实践来看，这种事实判断是相对宽松的，即只有没有相反的证据否定供养事实的存在，通常即应承认供养事实。

在本例中，该遗属享受了非因工死亡抚恤待遇，每月为100多元，从我国社会保障现实看，这样的待遇不足以保障其基本生活，因此在其儿子工亡时，应认为其没有其他的主

非因工死亡人员遗属能否享受供养亲属抚恤金？

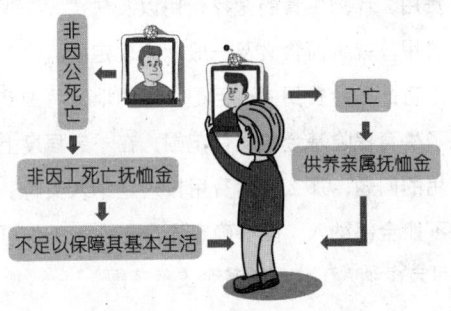

要生活来源,可以作为其儿子的供养亲属而享受亲属抚恤金。在此前提下,除非有很充分的证据确定其儿子未向其提供主要生活来源,例如其本人、儿子否认供养事实的存在,否则在其本人承认供养事实的情况下,社保机构均很难否认供养事实,而应当支付供养亲属抚恤金。

8. 在工伤治疗期间发生的保胎费用应如何支付?

【案例描述】某职工怀孕期间发生工伤,在治疗工伤的同时,发生流产先兆,需要保胎。该保胎费用应由工伤保险基金还是生育保险基金支付?

【案例评析】《社会保险法》第五十四条规定:"用人单位已经缴纳生育保险费的,其职工享受生育保险待遇;职工未就业配偶按照国家规定享受生育医疗费用待遇。所需资金从生育保险基金中支付。生育保险待遇包括生育医疗费用和生育津贴。"根据第五十五条规定,生育医疗费用包括生育的医疗费用、计划生育的医疗费用以及法律、法规规定的其他项目费用。就字面含义及一般地方规定看,保胎费用并不包括在生育的医疗费用中;但是,有的地方将围产保健的费用纳入了生育保险基金的支付范围,在一定程度上能够解决保胎费用的问题,那么保胎费用按规定纳入支付。如果不能纳入或不能全部纳入,能够确定流产先兆与工伤可能存在关联的,可考虑纳入工伤保险基金支付范围。

在工伤治疗期间发生的保胎费用应如何支付？

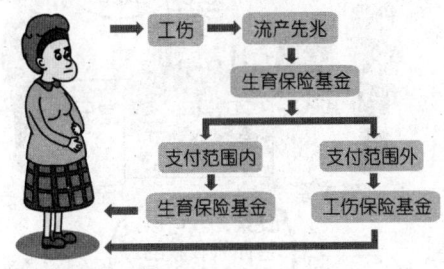

9. 远房亲属能否领取工亡职工的工亡待遇？

【案例描述】某职工因工死亡后，没有配偶、父母、子女等近亲属，但有叔父及堂兄弟，其叔父及堂兄弟能否领取一次性工亡补助金？

【案例评析】《条例》第三十九条第一款规定，职工因工死亡，其近亲属按照下列规定从工伤保险基金领取丧葬补助金、供养亲属抚恤金和一次性工亡补助金。该条款将一次性工亡补助金的领取对象限定为工伤职工的近亲属。

最高人民法院《关于贯彻执行〈民法通则〉若干问题的意见（试行）》（法[办]发[1988]6号）第12条规定：民法通则中规定的近亲属，包括配偶、父母、子女、兄弟姐妹、祖父母、外祖父母、孙子女、外孙子女。最高人民法院《关于执行〈行政诉讼法〉若干问题的解释》（法释[2000]8号）第十一条规定：行政诉讼法第二十四条规定的"近亲属"，包括配偶、父母、子女、兄弟姐妹、祖父母、外祖父母、孙

子女、外孙子女和其他具有扶养、赡养关系的亲属。两个司法解释的核心范畴一致,但仍有一定的区别。目前在社会保障领域主要参照前者执行。但社会保险并不等同于民事权利,采用狭义的近亲属范畴未必恰当。

就本例来说,其叔父和堂兄弟均不属于一般的近亲属范畴,通常不能领取一次性工亡补助金,但如果他们与工亡职工具有扶养、赡养关系,宜予以考虑。

10. 旁系亲属可否领取一次性工亡补助金?

【案例描述】一职工工亡,没有父母、祖父母、子女;有兄弟姐妹共4人,他们可否领取该工亡职工的一次性工亡补助金?其中一个哥哥已经去世,其子女可否代位享受该待遇?

【案例评析】《条例》第三十九条规定:职工因工死亡,其近亲属按照规定从工伤保险基金领取丧葬补助金、供养亲属抚恤金和一次性工亡补助金。对于何谓近亲属以及近亲属的范围,条例未作规定。

根据案例9中所述的法律法规,我们认为,工亡职工的兄弟姐妹虽然属于旁系亲属,但属于近亲属范畴,有权利领取并享受工亡职工的一次性工亡补助金。但是,享受权利的基本前提是主体资格的存在,如果工亡职工的兄弟姐妹已经去世,该效果与已经去世的父母一样,均没有领取并享受一次性工亡补助金的权利。

工伤保险中没有关于代位享受工伤保险待遇的规定,因此不存在代位享受工伤保险待遇的问题。

《继承法》第十一条规定:被继承人的子女先于被继承人死亡的,由被继承人的子女的晚辈直系血亲代位继承。如果该工亡职工去世时,其哥哥尚未去世,但是在实际领取一次性工亡补助金之前去世,则亲属有权利领取并享受相应的一次性工亡补助金,在其去世后,该份额转变为遗产,其子女有权继承。

11. 工伤保险待遇审批时间要多长?

【案例描述】万某是在青海工作的河南籍农民工,已经参加了工伤保险。万某于2014年10月遭受工伤伤害,同年12月被认定为工伤,2015年3月被鉴定为9级伤残。至2015年5月底仍未发放一次性伤残补助金等各项待遇。本人现提出与用人单位解除劳动合同,社保行动机构尚未支付一次性工伤医疗补助金,用人单位也拖着不给一次性伤残就业补助金。万某向相关机构询问时,答复称待遇正在审批中。万某现在在青海没有工作,住宿也困难,生活无着,万某希望能够尽快享受到工伤保险待遇返回老家。如果要与用人单位、社保机构打官司,万某称自己没有能力,也请不起律师,耗时费力,究竟该怎么办?工伤保险待遇的发放时间应该有多长?

【案例评析】《工伤保险经办规程》规定,伤残津贴从做出劳动能力鉴定的结论次月起计发,对具体的发放时间未作规定。一次性伤残补助金和工伤医疗补助金的具体发放时间亦未作规定。由于这两项待遇均涉及伤残等级,因此应在劳动能力鉴定结论生效后计发。由于用人单位或个人对设区的市级劳动能力鉴定委员会做出的鉴定结论均可以在收到该鉴定结论之日起15日向省级劳动能力鉴定委员会申请再次鉴定,因此即便当事人不申请省级鉴定,也要等当事人收到市级鉴定结论后15日后才能确定该结论是否生效。应从此时起算一次性伤残补助金的支付时限,自此时起,工伤职工可以要求工伤保险经办机构支付该项待遇。

鉴于对一次性伤残补助金的具体支付时限缺乏具体规定,

根据《行政复议法》第九条"公民、法人或者其他组织认为具体行政行为侵犯其合法权益的,可以自知道该具体行政行为之日起六十日内提出行政复议申请"这一规定,可将社保经办机构的支付时限确定为 60 日,如果社保机构未在此期限内支付,工伤职工可通过法律程序主张权利。如果地方规范性文件对此有明确规定的,可适用该规定。

对于一次性工伤医疗补助金,由于该待遇是以劳动合同的解除或终止为前提的,因此其支付时限应以劳动合同解除或终止日作为起算时限。在目前的法律框架下,劳动合同的解除或终止没有争议的,应在解除或终止日起 60 日支付,地

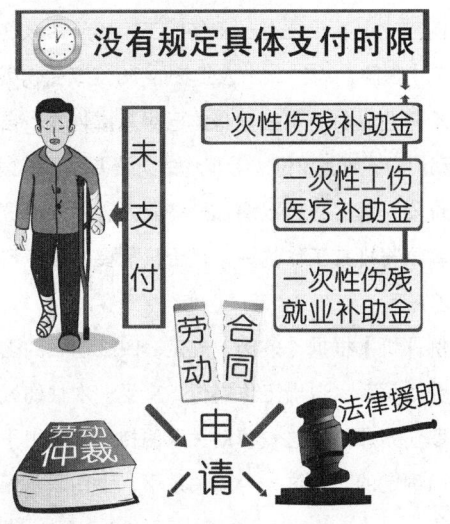

方有规定的,从其规定。

对于一次性伤残就业补助金,劳动合同解除或终止后,用人单位拒绝支付的,工伤职工可直接申请劳动仲裁,没有时限限制。

工伤职工主张工伤保险待遇,可以申请法律援助。在待遇支付中发生争议的,必须按相应的法律程序处理,这是法治的基本要求。鉴于工伤职工的特殊情况,无论是社会保险行政主体还是用人单位均应尽快给付工伤保险待遇;发生争议后,仲裁机构或法院也应当快速裁审,这也是法治的要求。

12. 四级伤残的工伤职工能否要求单位安排工作?

【案例描述】某单位有一工伤职工,属于四级伤残,已经参加了工伤保险,现按照本人工资的 75% 享受伤残津贴,由工伤保险基金支付。现在其身体已经基本恢复,自认为有一定的劳动能力,加上单位实际工作的工资要高于伤残津贴,其要求单位安排其工作,以增加一些收入,不知单位可否安排?如果单位安排其工作的话,是否只需要发放工资与其伤残津贴的差额?

【案例评析】根据《条例》规定,四级伤残的工伤职工应当保留劳动关系,退出工作岗位,享受一次性伤残补助金和按月领取伤残津贴。这一劳动关系的持续,是由于法律的特别规定而确定的。在这一劳动关系下,工伤职工无需提供劳动，用人单位也没有义务安排其工作。但是，如果用人单位出于照顾工伤职工的考虑，给其安排一份"工作"，支付相应的报酬，法律并未禁止，未尝不可，但需要考虑可能存在的法律风险。

四级伤残的工伤职工，属于完全丧失了劳动能力的人员，这和劳动关系中劳动者的基本义务是相对立的，因此四级伤残的工伤职工即便提供劳动，这一"劳动"也不属于劳动法保护范围。因该"劳动"而产生的"报酬"如何确定，应由双方协商确定，但和伤残津贴并无关联，用人单位不能因为该人员享受伤残津贴而扣发相应的报酬。

既然该"劳动"不属于劳动法保护范畴，不能将四级伤残的工伤职工再次纳入工伤保险统筹，其提供"劳动"也不

应获得工伤保险的保障，由此对用人单位可能会产生风险，这是需要注意的。

13. 突发疾病后从家中去医院救治能否视同工伤？

【案例描述】某职工 2016 年 4 月 12 日 17 时在工作时面色苍白、手脚湿冷，同事将其送医院急诊，初步诊断为急性冠脉综合征、胃食管返流，心电图显示正常，到医院后很快病情有所缓解，说话明朗、神态清楚。1 小时后亲属回家。次日下午，其在亲属陪同下到医院进行尿检，外科门诊医生诊断认为可能有尿结石，进行了相应治疗；随后其亲属将其带到妇产科输液（其亲属工作地），在输液过程中发现没有脉搏，送至内科检查，经抢救无效于当日 17 时 25 分死亡，死因诊断为心脏骤停、猝死。当地社会保险行政部门认为，该职工因心脏骤停、猝死与前一天诊断的病因之间没有必然因果关系，其死亡不是在工作地点、工作岗位上突发疾病，不能视同工伤。行政复议和行政诉讼一审维持了该工伤认定结论。二审法院认为，社会保险行政部门对该职工死亡不予认定为工伤所依据的事实和法律负有举证义务；不能排除该职工前一天的疾病因素导致次日猝死的可能性，社会保险行政部门的认定结论缺乏事实和法律依据，应承担举证不能的不利后果；该职工工作时发病经治疗回家不能认定其疾病已经治愈，不能在没有充分证据的情况下，认定该职工不是因在工作实践和工作岗位突发急病的延续和加重而死亡；从《条例》的立法本意看，首要目的是保护劳动者利益，"48小时"的限制是为了防止非工伤情形者滥用权利，并不是对真正工伤职工权利的制约，"抢救"不能机械理解为必须保持48小时持续不断。判决撤销工伤认定结论，要求社会保险行政部门重新作出工伤认定行为。请问，该情形应否视同工伤？二审法院的意见是否正确？

【案例评析】此种情形不应视同工伤，二审法院判决意见总体上不当。

首先，关于《条例》的立法本意，二审法院解读不当，没有全面了解条例的规则体系。（1）《条例》第一条规定，其立法目的是"为了保障因工作遭受事故伤害或者患职业病的职工获得医疗救治和经济补偿"。上述突发疾病视同工伤情形既不属于职业病也不属于因工作遭受事故伤害，严格来说并不在条例的保障范围之内，至少可以说不是条例的重点保障情形。（2）突发疾病视同工伤情形，其本质上并不属于工伤，即不是"真正工伤"，从"视同"一词也可得出如此结论，相比较于《条例》第十四条规定的工伤类型，其保护程度是有差别的。即，对第十四条的情形保护力度较强，而对突发疾病工伤保护较弱，主要表现在，对第十四条情形可以从宽理解，而对突发疾病工伤则应从严理解。这从"工作场所"和"工作岗位"的区别也可看出此点。

其次，工伤认定和治安处罚等虽同属具体行政行为，但其具体法律属性迥异,前者属于行政确认,后者属于行政处罚,如果对两者适用同样的举证责任分配,即将行政处罚的举证责任分配适用于行政确认,显属不当。行政确认是根据相对人举证证明的事实并在此基础上作出的具体行政行为,相对人必须承担举证责任,否则对其请求不应确认,这和行政处罚完全不同。在工伤认定中,认为相对人不需举证,只要社会保险行政部门不能证明工伤不成立,就都必须认定为工伤或视同工伤,必然会导致许多不合理的结论。

第三,任何疾病都不是瞬间形成的,作为肌体的病变,都会持续一定的时间,身体外在的不适表现与内在病因之间的联系无法完全割断。从这个意义上说,认为该职工第二日的猝死与前天的表征之间没有因果关系,确实不当。《条例》第十五条、突发疾病条款未采用"因……原因"这样的表明因果关系的表述,是因为作为视同工伤的死亡并不要求与疾病之间存在必然因果关系,例如病虽小但因医生的重大过失导致死亡,仍可以视同工伤。

该种工伤的构成要素是:(1)突发疾病;(2)突发疾病发生于工作时间和工作岗位;(3)在工作岗位当场死亡或者送医疗机构后在 48 小时之内经抢救无效死亡。针对本例,存在疑义的是第二点和第三点。即,在单位感到不适后回家(包括直接回家以及去医院就诊后再回家),在家中又感到恶化或严重再次去医院,是否还可以认为是在工作岗位上突发急病并且在送医疗机构抢救?我们认为是不可以的。在其病亡

的诊疗行为中,其疾病发作于家中,在此之前,他曾于单位发病并有过一次诊疗行为。如果往前追溯,通常还能确定,该职工12日起床后就感到不适。在存在数个"突发"时,应以诊疗行为发生前"突发疾病"所处的时空状况来界定是否能视同工伤,且应当从严把握。

14. 变更单位未及时缴费,工伤保险责任如何承担?

【案例描述】某职工2015年3月10日从甲单位离职,3月11日到乙单位工作。3月15日在乙单位工作时工亡,3月26日被认定为乙单位的工伤。甲单位为该职工办理了工伤保险,并在 3 月 23 日办理了社会保险减员手续。3 月 26 日乙单位办理了社会保险增员手续,拟从 4 月开始为该职工缴费。现工亡单位乙单位为该职工申请由工伤基金支付工伤保险待遇。乙单位认为,该职工已经参保缴费,不管是在哪个单位,既然已经参保缴费,就应该由基金支付;且此人是在用工 30 日内参保登记的。如果基金拒绝支付,乙单位将提起行政诉讼要求法院责令社保经办机构履行支付义务。此职工工亡待遇能否由基金支付?

【案例评析】其工亡待遇不能由工伤保险基金支付。

工伤保险基金支付待遇的前提是,工伤职工所在用人单位已经为其缴纳了工伤保险费。根据《劳动合同法》《社会

保险法》等法律法规的规定，每个用人单位都负有依法缴纳社会保险费的法律义务。劳动保障部《关于实施〈工伤保险条例〉若干问题的意见》（劳社部函[2004]256号）规定：职工在两个或两个以上用人单位同时就业的，各用人单位应当分别为职工缴纳工伤保险费；职工发生工伤，由职工受到伤害时其工作的单位依法承担工伤保险责任。甲单位为该职工缴纳了工伤保险费，不能免除乙单位为该职工参保缴费的法定义务，更不能认为甲单位的缴费即算作乙单位的缴费。因此在本例中，乙单位未尽到及时为职工办理参保手续并缴费的法律义务，应由工伤保险基金承担的待遇均应由用人单位承担。但乙单位可补缴该职工3月份工伤保险费，并继续依法缴纳企业全部社会保险费，其新发生的工伤保险待遇（主要是供养亲属抚恤金）可以纳入基金支付。需要说明的是，该职工3月份已经工亡，其主体资格已经消失，4月份起不应也无法为其继续缴纳包括工伤保险费在内的社会保险费。

仅仅申报参保，但尚未实际缴费的，通常不能认为已经参保，在此期间发生的工伤保险待遇应由用人单位承担。但是，如果用人单位在工伤事故发生前已经提出缴费要求，但社保经办机构以未到缴费日期（各地一般将每月中的一个时间段设置为缴费日期）为由不予接受缴费要求，则由此导致未缴费的责任应由社保机构承担，不宜再要求用人单位承担基金支付待遇；如果社保经办机构规定，新增职工申报缴费后，在一定期限内缴费，缴费效力溯及于申报时，则可以认为该职工自申报缴费时即已参保缴费。鉴于工伤事故发生的偶然性,对首次申报工伤保险缴费,不宜设置缴费期,而应采取"随申随缴"的方式及时将用人单位新增职工纳入工伤保险统筹范围。

15. 用人单位代发的社保待遇被强制执行后怎么办?

【案例描述】目前有些由社会保险基金支付的工伤保险等待遇,社保经办机构先支付给用人单位,再由用人单位发放给工伤职工等。在社保经办机构已经支付给用人单位,而用人单位尚未发放给职工之前,该待遇资金在用人单位账户中。在强制执行案件中,法院认为该账户资金均属于用人单位所有,要求全部予以强制执行。法院此做法是否合法?应如何处理为妥?

【案例评析】首先必须明确,该待遇资金并不属于用人单位,而应属于社保基金支付的社会保险待遇。用人单位仅仅属于代发而已。法院不应当将此资金强制执行偿还用人单位的债务。《民事诉讼法》第二百二十五条规定:当事人、利害关系人认为执行行为违反法律规定的,可以向负责执行的人民法院提出书面异议。当事人、利害关系人提出书面异议的,人民法院应当自收到书面异议之日起十五日内审查,理由成立的,裁定撤销或者改正;理由不成立的,裁定驳回。当事人、利害关系人对裁定不服的,可以自裁定送达之日起

十日内向上一级人民法院申请复议。第二百二十七条规定：执行过程中，案外人对执行标的提出书面异议的，人民法院应当自收到书面异议之日起十五日内审查，理由成立的，裁定中止对该标的的执行；理由不成立的，裁定驳回。案外人、当事人对裁定不服，认为原判决、裁定错误的，依照审判监督程序办理；与原判决、裁定无关的，可以自裁定送达之日起十五日内向人民法院提起诉讼。社保经办机构可按此处理。

　　工伤职工等待遇享受人，对该笔资金有合法请求权，有权要求用人单位及时支付该笔待遇，用人单位也应当将此资金支付给工伤职工。法院强制执行该笔资金，工伤职工等亦有权向法院提出执行异议,并提起执行异议之诉。

16. 工伤康复有无时间限制?

【案例描述】某工伤职工小腿骨折,伤情稳定后在康复机构进行了2个月的康复训练。在康复机构建议其出院时,其要求继续进行康复训练而不想出院,并要求提供有关康复治疗期限的法律依据。请问,对于工伤康复期限,国家有无明确的法律规定?

【案例评析】目前,国家层面对于工伤康复的具体期限并无明确规定。事实上,对于工伤康复,也不宜规定具体的、确定的康复期限,因为伤情、残情、个人体质、恢复状况、

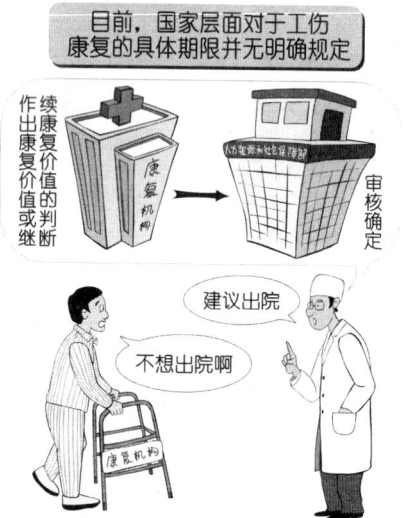

康复水平等都存在一定的差异，很难作出统一的规定，需要针对个人状况分别进行评价。但这绝不意味着康复是无期限的。从地方规定和实践来看，主要是确定有无康复或继续康复的价值，如果有康复或继续康复的价值，就可以继续康复，否则不能继续康复。在这种情况下，如果个人坚持康复，基金不予支付，即全部由个人承担。

对于康复价值或继续康复价值的有无，首先是由康复医院作出判断，然后提交劳动能力鉴定委员会等审核确定。

17. 未鉴定伤残等级去世后能否享受工亡待遇？

【案例描述】某职工工伤12个月后，仍处于昏迷（植物人）状态，家属将其带回家。3个月后该工伤职工去世。该职工尚未申请进行劳动能力鉴定，因而没有伤残等级。家属要求按工亡处理，享受全部工亡待遇，是否可以？

【案例评析】《条例》第三十九条第二款规定：伤残职工在停工留薪期内因工伤导致死亡的，其近亲属享受本条第一款规定的待遇。该职工家属要求享受全部工亡待遇，则该职工必须是在停工留薪期内死亡。该职工没有确定停工留薪期，其是在工伤发生后15个月死亡的，是否属于停工留薪期内？

《条例》第二十一条规定，职工发生工伤，经治疗伤情相对稳定后存在残疾、影响劳动能力的，应当进行劳动能力鉴定。第三十三条第二款规定，停工留薪期一般不超过 12 个月。伤情严重或者情况特殊，经设区的市级劳动能力鉴定委员会确认，可以适当延长，但延长不得超过 12 个月。该工伤职工在工伤发生后 12 个月时，从医院回家，说明基本治疗已经终结，符合"经治疗伤情相对稳定"的特征，其应当及时进行劳动能力鉴定，而不应当继续使用停工留薪期。更为重要的是，根据《条例》第三十三条规定，如要享受超过 12 个月的停工留薪期，必须经该区的市级劳动能力鉴定委员会确认后方可延长。而该职工并未履行延长手续，因此该职工只能享受最多 12 个月的停工留薪期。该职工系在停工留薪期满后死亡的，应该在补充进行劳动能力鉴定后，享受一次性伤残补助金、丧葬补助金和供养亲属抚恤金，而不应享受一次

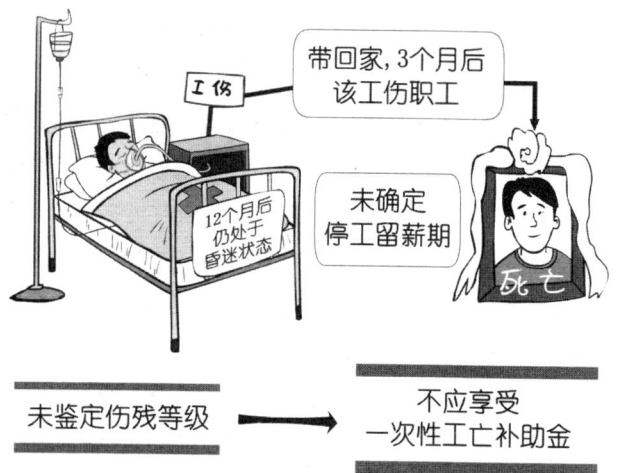

性工亡补助金。

18. 退休后诊断职业病能否享受工伤保险待遇？

【案例描述】某人员缴纳工伤保险费等直至退休。2013年办理了退休手续，按月领取基本养老金。2015年被诊断为矽肺。其能否进行工伤认定并由工伤保险基金支付工伤保险待遇？有人认为其被诊断为职业病时已经没有劳动关系，故不应进行工伤认定。

【案例评析】《条例》第十八条规定，提出工伤认定申请应当提交"与用人单位存在劳动关系（包括事实劳动关系）的证明材料"，这对于退休后被诊断出职业病的人员同样适用。

职业病与一般的工伤事故存在显著差别。一般工伤事故是事故发生时存在劳动关系，而职业病不仅在劳动关系存在时可能确定，在劳动关系终结后也可能确定，这是由职业病的本质决定的。职业病有潜伏期，在劳动关系终结后确定的职业病也是在劳动关系存续期间发生的。因此，对于职业病工伤所要求的劳动关系，是指与有职业危害接触史的原用人单位存在的劳动关系，而非指职业病诊断时存在的劳动关系。人力资源和社会保障部《关于执行〈工伤保险条例〉若干问题的意见》（人社部发[2013]34号）也明确此类人员可以进行工伤认定。

退休后诊断为职业病并认定为工伤后，可以享受相应的

工伤保险待遇。根据上述34号文件规定,职业病诊断证明书或职业病诊断鉴定书中明确的用人单位在该人员从业期间依法为其缴纳工伤保险费的,由工伤保险基金和该用人单位分别支付工伤保险待遇;未依法为该职工缴纳工伤保险费的,由该用人单位支付待遇。

19. 用人单位撤销后原应由基金支付的待遇怎么办?

【案例描述】某厂职工张某2015年9月27日发生一起工伤事故,被认定为工伤,2016年7月经劳动鉴定委员会鉴定为三级伤残、部分护理依赖。社保经办机构根据《条例》

第三十四条、第三十五条规定发放了生活护理费、一次性伤残补助金和伤残津贴,企业也正常缴纳了工伤保险费。但是,近期由于受到经济下行和建筑业低迷等综合因素影响,企业难以为继,向工商等部门申请了撤销登记,工伤职工劳动关系无法保留,用人单位无法按月为其缴纳工伤保险费。张某以受伤时企业缴纳了工伤保险费和《条例》《社会保险基金先行支付暂行办法》等规定要求继续支付其伤残待遇。《社会保险法》《条例》对这个问题都没有明确规定。有人认为,既然用人单位已经不存在了,不能继续缴费,工伤保险基金就不应当继续支付其伤残津贴和生活护理费。该说法是否成立,工伤保险基金究竟应否继续支付其费用和津贴?

【案例评析】工伤保险基金应当继续向其支付应当由工伤保险基金承担的。

首先,从法律的整体解释出发,用人单位是否继续缴费并不影响工伤发生时已经参保的待遇支付问题,这是两个不同的问题,两者之间没有因果关联。法律规定的明确性并不意味着法律条文直接对这个问题予以表述,而是指根据法律解释方法,一部法律对该问题存在清晰而明确的结论。任何一部法律,其适用都需要解释,认为只有法律条文对问题的直接表述才属于明确规定,这是对法律的误解。

参加工伤保险的职工,如张某,发生工伤后,应由工伤保险基金支付相应待遇,实际上《条例》对此也没有明确的表述,但从《条例》的整体规定来看,毫无疑问可以得出这样的结论，实践中对此也没有疑义。请注意，基金支付此待遇并没有考虑用人单位是否未来再缴费的问题，而仅仅是基于事故发生前已经缴费的事实。在"事故前参保，基金即应当支付待遇"这一结论确定的情况下，用人单位因注销而不能持续缴费，基金即不予支付待遇，显然与这一结论相矛盾。因此基于同样的逻辑考虑，工伤保险待遇的基金支付是根据受伤时参保状况确定的，与受伤之后是否缴费无关。

其次，从举证责任角度出发，对此种情形，社保经办机构不能停发待遇。在工伤职工的待遇已经纳入基金支付的前提下，因用人单位未继续缴费而不继续发放待遇，换句说法就是"停发待遇"。社保经办机构作为行政主体变更法律行为，即"停发待遇"应提供法律依据。《条例》第四十二条明确规定了停发待遇的三种情形："丧失享受待遇条件的""拒不接受劳动能力鉴定的""拒绝治疗的"。"用人单位未继续缴费"并不属于这三种情形，因此社保经办机构停发待遇是没有法律依据的，在没有依据而停发待遇时，要承担举证不能的责任，即应当支付待遇。

第三，从保险的原理来看，无论是社会保险还是商业保险，保险责任的承担原则上都是以保险事故发生时是否存在保险关系、是否已经履行了缴费义务为依据的，与之后是否参保没有直接关联。

第四，从工伤保险的立法目的来看，此种情形应当纳入工伤保险支付范围。工伤保险是由雇主的侵权责任演变而来

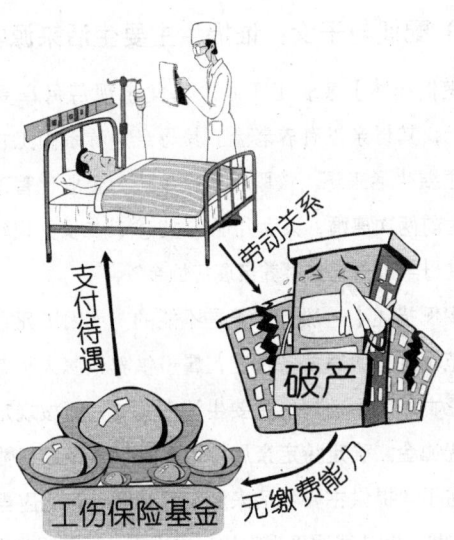

的。在实行工伤保险前,劳动者遭受工作伤害由雇主承担法律责任,此种责任承担方式的一大弊端就是雇主随时可能倒闭而无法继续承担保障责任。作为社会保险重要分支的工伤保险恰恰可以防范这一风险,由此促进了工伤保险的诞生。如因用人单位倒闭破产等不继续缴费而停发工伤保险待遇,显然与工伤保险制度建立的这一初衷、背道而驰,不符合工伤保险制度应有的保障功能。因此从工伤保险制度建立的宗旨和目的来看,用人单位未来是否继续缴费并不影响此前工伤职工的待遇享受,这是工伤保险制度存在的价值之一。

20. 配偶与子女：谁提供主要生活来源？

【案例描述】某职工工亡。其父亲现每月享受养老金3 200元，其母亲没有养老金。其母亲声称系由工亡职工生前提供主要生活来源。该职工所在单位为企业化管理事业单位。其生前两次离婚，大女儿现年15岁，二女儿现年5岁。请问，其母亲可否享受供养亲属抚恤金？

【案例描述】一般情况下是不能的。《因工死亡职工供养亲属范围规定》第三条规定，属于供养亲属人员范围，依靠因工死亡职工生前提供主要生活来源的，可按规定申请供养亲属抚恤金。确定特定亲属能否享受供养亲属抚恤金的核心问题在于"提供主要生活来源"的判断。对此应当遵循的判断方法是：有法律明确规定的，依法律；没有明确规定的，看证据。

第一，从目前的法律规定等判断，其母亲应由其父亲提供主要生活来源，而不是其子女。《婚姻法》第十七条规定，夫妻一方的养老金属于夫妻共同财产。其父亲每月养老金为3 200元，可以简单理解为其母亲应当获得其中1 600元。当然从法律的含义来说，其母亲对其父亲的这3 200元月收入均享有支配使用权，而不单单是其中的部分，因此无论任何应认为其母亲已获得主要生活来源。

有人认为，《婚姻法》不适用于此种情形的判定，这是不对的。在中华人民共和国境内且具有中国国籍的公民，其结婚、离婚、婚姻关系存续期间的权利义务必须适用《婚姻法》。因此根据《婚姻法》，配偶对于配偶的养老金拥有共同所有权。在判断某个公民是否属于供养亲属时，需要根据对其适用的各种法律法规确定，但不能仅仅适用供养亲属规定。

只有在配偶一方养老金极低，不足以承担夫妻两人的最低生活时（即两人平均后低于当地最低生活保障线），虽然配偶一方仍依靠对方养老金生活，但可认为不是从对方养老金获得主要生活来源。

第二，《婚姻法》第二十条规定："夫妻有互相扶养的义务"。第二十一条规定："子女对父母有赡养扶助的义务"。《现代汉语词典》（第6版）对扶养的定义为"养活"；对"扶助"的定义为"帮助"。因此从词义来看，夫妻一方有养活配偶的法定义务，而对父母只有帮助的法定义务，没有养活的义务。其母亲应当由其父亲养活，而不是子女。父亲对母亲有法定的扶养义务，而子女只有赡养义务，扶养义务远大于赡养义务，从扶养义务对抗赡养义务的角度，也只能认为母亲应从父亲而非子女处获得主要生活来源。因此认为母亲的主要生活来源来源于父亲，符合法律规定。

第三，从亲属法的角度，夫妻关系是最为重要、最为特殊的亲属关系，高于其他任何亲属关系。夫妻属于法律和经济共同体，需要共同承担对家庭、对社会、对国家的责任和义务，相互之间的担当和责任高于其他亲属关系，从此角度其母亲也应当由父亲而非子女供养。

第四，从我国社会状况看，在父母一方有养老金时，无直接收入一方的主要生活来源绝大多数均来源于有养老金一方，子女最多仅给一些补助性质的资助；事实上，极端情况下甚至，并非是子女给父母主要生活来源，而是父母接济子女（啃老）。因此从社会现状来看，这种状况下，通常也是由配偶而非子女供养。

从该职工的实际情况看，也基本不可能发生由其承担供给母亲主要生活来源的事实。毫无疑问，在当今中国的普通家庭，子女的教育和生活开支是家庭最为主要的开支。该职工的大女儿15岁，小女儿才5岁，其每月支付给两个女儿的抚养费应占其收入的主要部分；其还可能承担前妻及家庭的生活开支，其月工资应付这些费用通常已经捉襟见肘。从社会现实看，面对此情此景，不仅儿子出不起每月超过1 600元的赡养费，生活无忧的父母也不忍心让儿子每月再支付如此多的赡养费。更可能的情形是，养老金比较丰裕的父母可能要帮衬子女。

另外一个必须顾及的现实是，如果儿子给自己的父母（尤其是有着丰裕养老金）每月1 600元，那么通常就要给岳父母至少同样数额的生活费。一个工薪阶层很难承担起这样的经济负担。

在本例中，认定母亲由工亡儿子生前提供主要生活来源，既不合法，且违背其实际经济状况，社保经办机构如将向其支付供养亲属抚恤金，很可能会被追究法律责任。

21. "断保"期间的工伤保险待遇应否由基金支付?

【案例描述】《社会保险法》第四十一条规定:"职工所在用人单位未依法缴纳工伤保险费,发生工伤事故的,由用人单位支付工伤保险待遇。"其中,"未依法缴纳工伤保险费"是仅指从未参加过工伤保险因而从未缴纳过工伤保险费的职工,还是包括曾经参保并缴纳过工伤保险费但是发生工伤时未缴纳的"断保"人员?"断保"或"欠费"期间发生的工伤，其工伤保险待遇由谁承担？

【案例评析】《社会保险法》第四十一条规定并不存在歧义。根据法律的基本解释方法——文义解释，该条规定的"用人单位未依法缴纳工伤保险费"必然包括"断保"情形。即从法律条文的字面含义来看，任何未依法缴费的行为，都属于"未依法缴纳工伤保险费"。在此期间发生的工伤，严格来说，都应当由用人单位支付工伤保险待遇。该条款和《条例》第六十二条第二款规定"依照本条例规定应当参加工伤保险而未参加工伤保险的用人单位职工发生工伤的，由该用人单位按照本条例规定的工伤保险待遇项目和标准支付费用"是一致的。即缴费为参保充分且必要的条件，未缴费即未参保。当然，如果用人单位未足额缴费的数额较小，且非故意所致，可以认为用人单位"已经依法缴纳工伤保险费"。

根据《社会保险法》第四十一条规定，"断保"或"欠费"期间发生的工伤，其工伤保险待遇应由用人单位承担。该规定也是明确的。用人单位对此应当作为第一责任人承担待遇给付责任，这也是其实施违法行为——未依法缴费的必然后果。

《条例》第六十二条第三款规定："用人单位参加工伤保险并补缴应当缴纳的工伤保险费、滞纳金后，由工伤保险基金和用人单位依照本条例的规定支付新发生的费用。"根据这一规定，用人单位补缴"断保"或欠费期间的社保费和滞纳金后，之后新发生的相应费用纳入工伤保险基金支付。

22. 发生工伤后断保应否由基金支付一次性伤残补助金?

【案例描述】某用人单位于 2016 年 5 月为职工缴纳了工伤保险费。缴纳工伤保险费后,某参保职工发生了工伤。2016 年 6 月,该用人单位办理了该职工减员手续,未再为该职工缴纳工伤保险费。一种观点认为,支付工伤保险待遇应要求用人单位在事故发生后持续缴费,用人单位未继续缴费的,基金不应当支付其工伤保险待遇。工伤保险基金应否支付该职工的一次性伤残补助金、工伤医疗费等工伤保险待遇?

【案例评析】我们认为,工伤保险基金应当继续向其支付应当由工伤保险基金承担的待遇。

首先,从法律的整体解释出发,用人单位是否继续缴费并不影响工伤发生时已经参保者的待遇支付问题,这是两个不同的问题,两者之间没有因果关联。在劳动者已经参加工伤保险的前提下,发生工伤后,即应由工伤保险基金支付相应费用,实际上《条例》对此并没有明确的表述,但从《条例》的整体规定来看,毫无疑问可以得出这样的结论,实践中对此也基本没有疑义。应注意的是,基金支付相应费用并没有考虑用人单位未来是否缴费的问题,而仅仅是基于事故发生前已经缴费的事实。

其次,从工伤保险关系角度分析,也同样可以得出如此结论。在用人单位为劳动者缴费后,劳动者与工伤保险经办机构之间的工伤保险关系成立。工伤保险关系作为权利义务关系,其基本内容是:投保人履行缴费义务(用人单位的法律地位属于投保人,系为作为被保险人的职工缴费),保险人(工伤保险经办机构的法律地位为保险人)有义务在保险事故(工伤事故)发生后支付保险金(工伤保险待遇),被保险人有权利获得保险金。本例中,劳动者在2016年5月发生工伤事故,其与工伤保险经办机构之间的工伤保险法律关系成立,工伤保险经办机构应当保证其工伤保险待遇。作为投保人的用人单位自2016年6月终止缴费，那么劳动者与工伤保险经办机构的工伤保险关系自2016年6月终结，双方不产生新的工伤保险关系。但是依据双方2016年5月所成立的工伤保险关系，工伤保险必须履行其法定义务。

第三，有人认为，在工伤事故发生后，只有用人单位继续为工伤职工缴费，工伤保险经办机构才负有支付一次性伤残补助金等工伤保险待遇的义务。这种观点没有理论可以支持。(1)要求继续缴费，那么"继续至何时"？由于待遇支付时间是不确定的，实际上赋予工伤保险经办机构完全的自由裁量权，既违背了法律的确定性、可预见性，也放大了作为行政主体的工伤保险经办机构的权力。(2)用人单位未缴费，有客观原因和主观原因。主观原因主要指能缴费而未缴费，指用人单位主观上有过错；客观原因指受客观因素制约而未能缴费，指用人单位主观上没有过错，包括因经营困难等无钱可缴，因不可抗力、用人单位以外的因素如社保经办机构的失误等导致未缴费。如果将用人单位在工伤事故发生后继续缴费作为支付工伤保险待遇的必备条件，就需要将因客观因素导致的未缴费排除，即因主观因素未持续缴费的，工伤保险基金不予支付待遇；因客观因素导致未持续缴费的，工伤保险基金仍支付待遇。一方面，要区分用人单位未缴费的主观与客观状况才能确定是否由基金支付，不仅增加了工伤保险经办机构的工作难度，而且这一做法同样会赋予工伤保险经办机构较大的裁量权，会导致权力行使的不确定性，

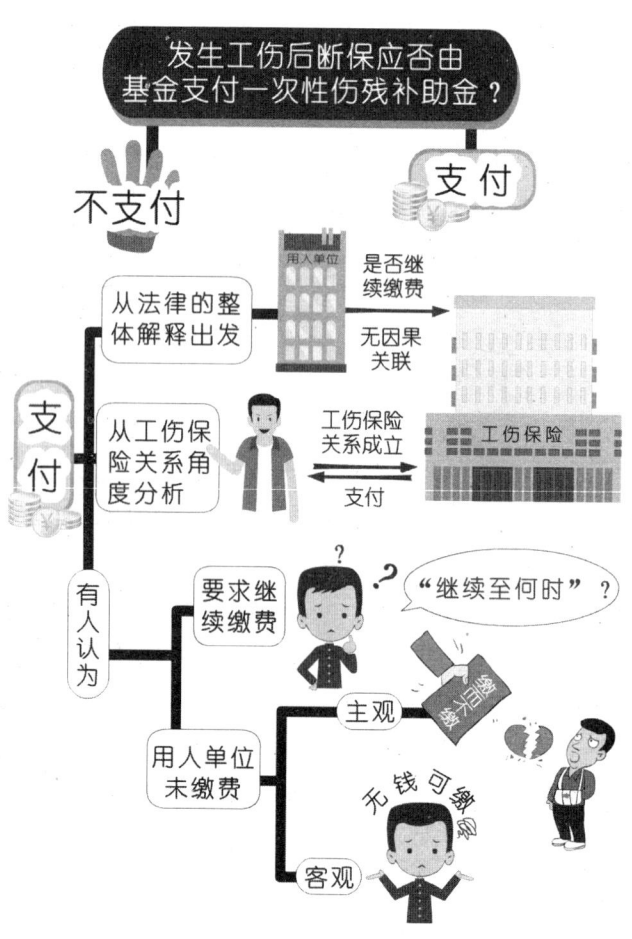

容易造成权力寻租，损害工伤职工的权利。另一方面，社保待遇的支付不与缴费后果直接关联，而与缴费人的主观状况关联，不仅违背保险原理，亦会产生难以解决的矛盾。例如，用人单位一开始就因为经营困难无力缴纳社保费，从未参保，按照这一观点也应当由基金支付。这显然违背权利义务相对应这一社会保险的基本原则。

23. 涉嫌醉酒算不算工伤

【案例描述】罗某系江苏某实业股份有限公司连云港分公司的门卫。2014年11月21日晚，罗某在工作时间不慎受伤，住院治疗，诊断为重型颅脑外伤，左颞、枕部硬膜外出血，左颞枕骨骨折，脑疝晚期，颅底骨折。县级社会保险行政部门对照《条例》第十四条第（一）项，认定为工伤。原告公司以罗某当晚不在工作时间，并在有心脏病、高血压等疾病的情况下饮酒过量致事故发生不应认定为工伤为由，向市级社会保险行政部门申请复议。市局经审查维持了县社会保险行政部门作出的工伤认定。2016年3月11日，原告向县级法院提起行政诉讼，以罗某受伤未在工作时间及受伤是喝醉酒所导致为由，请求撤销县级社会保险行政部门的工伤认定决定。涉嫌醉酒受伤算不算工伤？

【案例评析】本案是一起工伤认定行政诉讼案件，其争议的焦点问题是罗某受伤是否在工作时间，是否属于工作原因受到事故伤害以及"醉酒"的认定？《条例》第十四条第一款第一项规定，职工在工作时间和工作场所内，因工作原因受到事故伤害的，应当认定为工伤。如需适用醉酒伤亡不认定工伤的排除规定，应有充分的证据证明醉酒的事实。罗某在2014年11月21日晚值夜班。用人单位诉称其因醉酒及有高血压等疾病导致受伤，应在举证期限内举证，并提供

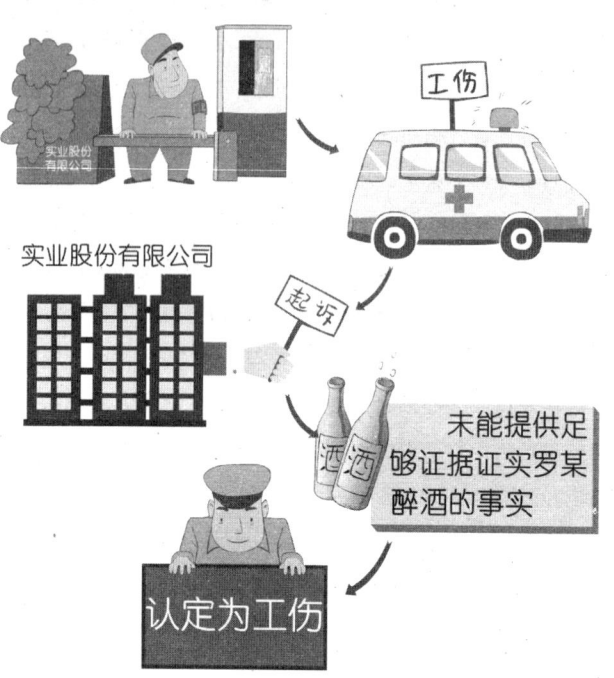

足够证据证实罗某醉酒的事实。因此罗某系在工作时间、工作场所内受伤,至于受伤原因用人单位应承担举证责任,若未能在被告限定的举证期限内提供足够的证据证实,其应承担举证不能的法律责任。应维持被告县社会保险行政部门作出的工伤认定决定。